21 世纪高等院校财经管理系列实用规划教材

统计学实验教程

主　编　裘雨明　徐海波　邵桂荣

内容简介

本书分为3篇。第1篇是统计学及SPSS工具简介，主要包括统计学的基本概念、基本方法，并对SPSS统计软件做了简明扼要的介绍。第2篇是基础实验篇，是本书的主体，由19个实验组成，内容涉及数据文件的操作和预处理、描述统计分析、均值比较分析、方差分析、相关与回归分析、时间序列分析、聚类分析和判别分析、主成分分析和因子分析等，每个实验包括实验目的、准备知识、实验内容、实验步骤、实验总结和思考与练习6个要点。第3篇是综合应用篇，提供了3个比较典型的综合性实验项目，使学生在掌握了各种统计方法的基础上，通过实验，提高分析和解决实际经济问题的能力。

本书可作为高等院校财经管理类专业的教学用书，也可供统计工作人员、企业领导人和其他管理工作者参考之用。

图书在版编目（CIP）数据

统计学实验教程/裘雨明，徐海波，邵桂荣主编. —北京：北京大学出版社，2013.5
（21世纪高等院校财经管理系列实用规划教材）
ISBN 978-7-301-22450-2

Ⅰ. ①统… Ⅱ. ①裘…②徐…③邵… Ⅲ. ①统计学—实验—高等学校—教材 Ⅳ. ①C8-33

中国版本图书馆CIP数据核字(2013)第084120号

书　　　　名：	统计学实验教程
著作责任者：	裘雨明　徐海波　邵桂荣　主编
策划编辑：	李　虎　王显超
责任编辑：	魏红梅
标准书号：	ISBN 978-7-301-22450-2/C·0899
出版发行：	北京大学出版社
地　　　址：	北京市海淀区成府路205号　100871
网　　　址：	http://www.pup.cn　新浪官方微博：@北京大学出版社
电　　　话：	邮购部 010-62752015　发行部 010-62750672　编辑部 010-62750667
电子信箱：	pup_6@163.com
印　刷　者：	北京虎彩文化传播有限公司
经　销　者：	新华书店
	787毫米×1092毫米　16开本　12印张　270千字
	2013年5月第1版　2022年8月第6次印刷
定　　　价：	32.00元

未经许可，不得以任何方式复制或抄袭本书之部分或全部内容。

版权所有，侵权必究

举报电话：010-62752024　电子信箱：fd@pup.pku.edu.cn

丛 书 序

  我国越来越多的高等院校设置了经济管理类学科专业，这是一个包括经济学、管理科学与工程、工商管理、公共管理、农业经济管理、图书档案学6个二级学科门类和22个专业的庞大学科体系。2006年教育部的数据表明，在全国普通高校中，经济类专业布点1518个，管理类专业布点4328个。其中除少量院校设置的经济管理专业偏重理论教学外，绝大部分属于应用型专业。经济管理类应用型专业主要着眼于培养社会主义国民经济发展所需要的德智体全面发展的高素质专门人才，要求既具有比较扎实的理论功底和良好的发展后劲，又具有较强的职业技能，并且又要求具有较好的创新精神和实践能力。

  在当前开拓新型工业化道路，推进全面小康社会建设的新时期，进一步加强经济管理人才的培养，注重经济理论的系统化学习，特别是现代财经管理理论的学习，提高学生的专业理论素质和应用实践能力，培养出一大批高水平、高素质的经济管理人才，越来越成为提升我国经济竞争力、保证国民经济持续健康发展的重要前提。这就要求高等财经教育要更加注重依据国内外社会经济条件的变化，适时变革和调整教育目标和教学内容；要求经济管理学科专业更加注重应用、注重实践、注重规范、注重国际交流；要求经济管理学科专业与其他学科专业相互交融与协调发展；要求高等财经教育培养的人才具有更加丰富的社会知识和较强的人文素质及创新精神。要完成上述任务，各所高等院校需要进行深入的教学改革和创新。特别是要搞好有较高质量的教材的编写和创新工作。

  出版社的领导和编辑通过对国内大学经济管理学科教材实际情况的调研，在与众多专家学者讨论的基础上，决定编写和出版一套面向经济管理学科专业的应用型系列教材，这是一项有利于促进高校教学改革发展的重要措施。

  本系列教材是按照高等学校经济类和管理类学科本科专业规范、培养方案，以及课程教学大纲的要求，合理定位，由长期在教学第一线从事教学工作的教师编写，立足于21世纪经济管理类学科发展的需要，深入分析经济管理类专业本科学生现状及存在的问题，探索经济管理类专业本科学生综合素质培养的途径，以科学性、先进性、系统性和实用性为目标，其编写的特色主要体现在以下几个方面：

  (1) 关注经济管理学科发展的人背景，拓宽理论基础和专业知识，着眼于增强教学内容与实际的联系和应用性，突出创造能力和创新意识。

  (2) 体系完整、严密。系列涵盖经济类、管理类相关专业以及与经管相关的部分法律类课程，并把握相关课程之间的关系，整个系列丛书形成一套完整、严密的知识结构体系。

  (3) 内容新颖。借鉴国外最新的教材，融会当前有关经济管理学科的最新理论和实践经验，用最新知识充实教材内容。

  (4) 合作交流的成果。本系列教材是由全国上百所高校教师共同编写而成，在相互进行学术交流、经验借鉴、取长补短、集思广益的基础上，形成编写大纲。最终融合了各地特点，具有较强的适应性。

(5) 案例教学。教材具备大量案例研究分析内容，让学生在学习过程中理论联系实际，特别列举了我国经济管理工作中的大量实际案例，这可大大增强学生的实际操作能力。

(6) 注重能力培养。力求做到不断强化自我学习能力、思维能力、创造性解决问题的能力以及不断自我更新知识的能力，促进学生向着富有鲜明个性的方向发展。

作为高要求，财经管理类教材应在基本理论上做到以马克思主义为指导，结合我国财经工作的新实践，充分汲取中华民族优秀文化和西方科学管理思想，形成具有中国特色的创新教材。这一目标不可能一蹴而就，需要作者通过长期艰苦的学术劳动和不断地进行教材内容的更新才能达成。我希望这一系列教材的编写，将是我国拥有较高质量的高校财经管理学科应用型教材建设工程的新尝试和新起点。

我要感谢参加本系列教材编写和审稿的各位老师所付出的大量卓有成效的辛勤劳动。由于编写时间紧、相互协调难度大等原因，本系列教材肯定还存在一些不足和错漏。我相信，在各位老师的关心和帮助下，本系列教材一定能不断地改进和完善，并在我国大学经济管理类学科专业的教学改革和课程体系建设中起到应有的促进作用。

刘诗白
2007年8月

刘诗白 现任西南财经大学名誉校长、教授、博士生导师，四川省社会科学联合会主席，《经济学家》杂志主编，全国高等财经院校资本论研究会会长，学术团体"新知研究院"院长。

前　　言

统计学是系统介绍如何收集、整理、展示、分析和解释数据的一门应用性很强的方法论科学。该课程的任务是培养学生收集数据和分析数据的能力，为实现这一任务，在统计教学过程中，应理论与实践并重，统计实践紧密配合理论教学，以学生主动学习和动手操作为主，力求摒弃知识灌输型的传统教学方式，摆脱理论学习与实际操作脱节现象。基于以上认识，我们希望编写出一本面向经济管理类非统计专业的本科生的统计学实验教材，并能够比较好地把统计学知识与当前主流统计软件 SPSS 结合起来。

本书在编写中突出了以下特点：

(1) 以 SPSS 14.0 中文版为蓝本。国内出版的同类统计学实验教材，大多使用的是英文界面，给英语基础差的学生带来很大的学习困难，而本书所有的 SPSS 统计功能都是中文的，并且附有对应的英文词汇，以方便学生尽快熟悉英文统计术语。

(2) 在本书的每个实验中，注重了统计理论的阐述和 SPSS 操作的解释。目前国内的统计学实验教材多数就实验而实验，对相关理论要么没有介绍，要么一笔带过，而统计学教材则对相关知识如何借助 SPSS 软件来实现介绍较少。本书针对这种现状，在每个实验前都对相关统计知识做了精炼介绍，力求做到统计理论与统计数据处理技术的有机结合；在此基础上，对每个实验内容的 SPSS 操作结果做了解释。

(3) 在统计方法的安排上，从易到难，突出重点。本书是为配合统计学的理论教学而编写的，并且面向经管类专业的学生，所以对 SPSS 中包含的统计方法做了适当取舍，对实践中应用较少的内容没有编入，使本书紧紧围绕常用的统计知识展开，并在统计方法的安排上循序渐进，有利于学生领会 SPSS 统计方法的原理。

(4) 每个实验后都安排思考与练习，有利于学生巩固所学内容。另外，综合应用篇的案例有助于学生学会统计分析从发现问题、分析问题到解决问题的整体思路。

本书的编写分工如下：裘雨明编写第 1 章、第 2 章、第 4 章 4.3 节、第 5 章、第 7 章 7.2 节和 7.3 节及第 8 章；徐海波编写第 9 章～第 12 章；邵桂荣编写第 3 章、第 4 章 4.1 节和 4.2 节、第 6 章和第 7 章 7.1 节。最后由裘雨明负责全书的统稿和定稿工作。

本书在编写过程中，全体编写人员进行了多次讨论，并得到了绍兴文理学院经济与管理学院实验中心领导和老师的大力支持。在编写过程中参考和借鉴了国内同行专家、学者的有关论著和研究成果，在此一并表示感谢！

由于编者水平有限，编写时间仓促，书中难免有不当或错漏之处，恳请广大读者和同仁批评指正。

编　者

2013 年 1 月

目 录

第1篇 统计学及 SPSS 工具简介

第1章 统计学基本概念和方法简介 1
- 1.1 统计与统计学 1
- 1.2 统计学的分类 1
  - 1.2.1 描述统计与推断统计 1
  - 1.2.2 理论统计与应用统计 1
- 1.3 统计学的基本概念 2
  - 1.3.1 总体和样本 2
  - 1.3.2 参数和统计量 2
  - 1.3.3 变量 2
- 1.4 统计学的职能 2
- 1.5 统计学基本方法 3
  - 1.5.1 描述统计方法 3
  - 1.5.2 推断统计方法 3

第2章 SPSS 工具介绍 4
- 2.1 SPSS 概述 4
- 2.2 SPSS 的安装、启动和退出 4
  - 2.2.1 安装 SPSS 4
  - 2.2.2 启动 SPSS 5
  - 2.2.3 退出 SPSS 6
- 2.3 SPSS 的主要窗口 6
  - 2.3.1 数据编辑窗口 7
  - 2.3.2 结果输出窗口 9

第2篇 基础实验篇

第3章 数据文件的操作和预处理 12
- 3.1 数据文件的建立 12
  - 3.1.1 实验目的 12
  - 3.1.2 准备知识 12
  - 3.1.3 实验内容 14
  - 3.1.4 实验步骤 15
  - 3.1.5 实验总结 19
  - 3.1.6 思考与练习 19
- 3.2 数据文件的整理 19
  - 3.2.1 实验目的 19
  - 3.2.2 准备知识 19
  - 3.2.3 实验内容 20
  - 3.2.4 实验步骤 20
  - 3.2.5 实验总结 28
  - 3.2.6 思考与练习 28

第4章 描述统计 29
- 4.1 统计数据的图表描述 29
  - 4.1.1 实验目的 29
  - 4.1.2 准备知识 29
  - 4.1.3 实验内容 30
  - 4.1.4 实验步骤 31
  - 4.1.5 实验总结 39
  - 4.1.6 思考与练习 40
- 4.2 统计量描述 40
  - 4.2.1 实验目的 40
  - 4.2.2 准备知识 41
  - 4.2.3 实验内容 42
  - 4.2.4 实验步骤 42
  - 4.2.5 实验总结 44
  - 4.2.6 思考与练习 44
- 4.3 列联分析 46
  - 4.3.1 实验目的 46
  - 4.3.2 准备知识 46
  - 4.3.3 实验内容 47
  - 4.3.4 实验步骤 47
  - 4.3.5 实验总结 53
  - 4.3.6 思考与练习 53

第5章 均值比较分析 55
- 5.1 单样本 T 检验 55
  - 5.1.1 实验目的 55
  - 5.1.2 准备知识 55

5.1.3 实验内容 56
　　5.1.4 实验步骤 57
　　5.1.5 实验总结 58
　　5.1.6 思考与练习 58
5.2 独立样本 T 检验 59
　　5.2.1 实验目的 59
　　5.2.2 准备知识 59
　　5.2.3 实验内容 60
　　5.2.4 实验步骤 60
　　5.2.5 实验总结 63
　　5.2.6 思考与练习 63
5.3 配对样本 T 检验 63
　　5.3.1 实验目的 63
　　5.3.2 准备知识 63
　　5.3.3 实验内容 64
　　5.3.4 实验步骤 64
　　5.3.5 实验总结 66
　　5.3.6 思考与练习 66

第6章 方差分析 68

6.1 单因素方差分析 68
　　6.1.1 实验目的 68
　　6.1.2 准备知识 68
　　6.1.3 实验内容 70
　　6.1.4 实验步骤 70
　　6.1.5 实验总结 73
　　6.1.6 思考与练习 73
6.2 多因素方差分析 73
　　6.2.1 实验目的 73
　　6.2.2 准备知识 73
　　6.2.3 实验内容 75
　　6.2.4 实验步骤 75
　　6.2.5 实验总结 79
　　6.2.6 思考与练习 80

第7章 相关与回归分析 81

7.1 相关分析 81
　　7.1.1 实验目的 81
　　7.1.2 准备知识 81
　　7.1.3 实验内容 83

　　7.1.4 实验步骤 84
　　7.1.5 实验总结 86
　　7.1.6 思考与练习 86
7.2 一元线性回归分析 87
　　7.2.1 实验目的 87
　　7.2.2 准备知识 87
　　7.2.3 实验内容 89
　　7.2.4 实验步骤 89
　　7.2.5 实验总结 100
　　7.2.6 思考与练习 100
7.3 多元线性回归分析 100
　　7.3.1 实验目的 100
　　7.3.2 准备知识 100
　　7.3.3 实验内容 102
　　7.3.4 实验步骤 102
　　7.3.5 实验总结 107
　　7.3.6 思考与练习 107

第8章 时间序列分析 109

8.1 平稳时间序列模型 109
　　8.1.1 实验目的 109
　　8.1.2 准备知识 109
　　8.1.3 实验内容 110
　　8.1.4 实验步骤 111
　　8.1.5 实验总结 114
　　8.1.6 思考与练习 114
8.2 ARIMA 模型 115
　　8.2.1 实验目的 115
　　8.2.2 准备知识 115
　　8.2.3 实验内容 116
　　8.2.4 实验步骤 116
　　8.2.5 实验总结 123
　　8.2.6 思考与练习 123

第9章 聚类分析和判别分析 125

9.1 系统聚类分析 125
　　9.1.1 实验目的 125
　　9.1.2 准备知识 125
　　9.1.3 实验内容 127
　　9.1.4 实验步骤 127

9.1.5 实验总结 131
9.1.6 思考与练习 131
9.2 K-均值聚类分析 131
9.2.1 实验目的 131
9.2.2 准备知识 132
9.2.3 实验内容 132
9.2.4 实验步骤 132
9.2.5 实验总结 136
9.2.6 思考与练习 136
9.3 判别分析 136
9.3.1 实验目的 136
9.3.2 准备知识 136
9.3.3 实验内容 137
9.3.4 实验步骤 137
9.3.5 实验总结 140
9.3.6 思考与练习 140

第10章 主成分分析与因子分析 142
10.1 主成分分析 142
10.1.1 实验目的 142
10.1.2 准备知识 142
10.1.3 实验内容 144
10.1.4 实验步骤 144
10.1.5 实验总结 147
10.1.6 思考与练习 147

10.2 因子分析 147
10.2.1 实验目的 147
10.2.2 准备知识 148
10.2.3 实验内容 149
10.2.4 实验步骤 150
10.2.5 实验总结 155
10.2.6 思考与练习 155

第3篇 综合应用篇

第11章 SPSS在市场调查中的应用 157
11.1 实验目的 157
11.2 实验内容 157
11.3 实验步骤 159
11.4 实验总结 167
11.5 思考与练习 168

第12章 SPSS在金融分析中的作用 169
12.1 实验目的 169
12.2 实验内容 169
12.3 实验步骤 170
12.4 实验总结 178
12.5 思考与练习 178

参考文献 179

第1篇 统计学及SPSS工具简介

第1章 统计学基本概念和方法简介

1.1 统计与统计学

统计是人类社会发展的产物，它伴随着社会活动及国家管理的需要而产生和发展。在实际应用中，人们对统计一词的理解一般有三种涵义：统计工作、统计资料和统计学。统计工作即统计实践，指人们对客观现象总体数量方面进行调查研究的认识活动，包括数据资料的获取、展示、分析和解释的过程；统计资料即统计数据，是统计实践活动所取得的各项数字资料及与之相关的其他资料的总称；统计学是统计实践活动的经验总结和理论概括，是一门收集、整理、描述、显示、分析、解释统计数据以及探索数据内在数量规律的科学，是认识客观现象总体数量特征和数量关系的方法论科学。统计工作与统计资料是统计活动过程和活动成果的关系，统计工作与统计学是统计实践与统计理论的关系。

1.2 统计学的分类

1.2.1 描述统计与推断统计

描述统计是用图形、表格和概括性的数字对数据进行描述的统计方法，为进一步的统计推断提供依据。推断统计是根据样本信息对总体进行估计、假设检验、预测或其他推断的统计方法。统计学分为描述统计与推断统计，一方面反映了统计发展的前后两个阶段，另一方面也反映了统计方法研究和探索客观事物内在数量规律性的先后两个过程。一般来说，描述统计是推断统计的基础，推断统计是描述统计的拓展，是现代统计学的核心。

1.2.2 理论统计与应用统计

理论统计是指统计学的数学原理。从广义上讲，统计学是应该包括概率论的，因为概率论是统计推断的数学基础,而概率论是数学的一个分支,则理论统计应该包括概率论在内的对统计方法数学原理的研究。应用统计是将统计学的基本原理应用于各个领域而形成的各种各样的应用性很强的统计学,研究统计方法如何应用于某个具体的领域内,如何解决具体领域内的具体问题。例如,统计方法在生物中的应用形成了生物统计,统计方法在风险管理和保险中的应用形成了保险精算学等。

1.3 统计学的基本概念

统计中常用的基本概念主要有总体和样本、参数和统计量、变量等,现分别介绍如下。

1.3.1 总体和样本

总体是由统计研究所涉及的同质个体所形成的集合。总体可以由个人组成,如《财富》杂志评选的500强企业的CEO;总体也可以由物体组成,如某汽车制造厂去年生产的所有汽车。

样本是所研究总体的一部分。例如,一家公司正在接受审计,审计人员没有必要对该公司年度内的所有58 000张发票全部审查,只需随机抽查一个100张发票的样本即可,审计人员通过这100张样本发票计算的差错率就可对全部58 000张发票的差错率进行推断。

1.3.2 参数和统计量

参数是描述总体数量特征的概念,常用希腊字母表示。例如,总体均值用 μ 表示,总体方差用 σ^2 表示。统计量是描述样本数量特征的概念,常用英文字母表示,如样本均值用 $\bar{x}$ 表示,样本方差用 s^2 表示。总体参数是统计认识的直接目的,由总体抽取样本,得到样本数据,计算统计量的值,由统计量的值估计总体参数的具体取值。

1.3.3 变量

变量是总体中个体单位所具有的特征或特性。数据的测量尺度有4种,即定类尺度、定序尺度、定距尺度和定比尺度,所以统计中涉及的变量可分为4种类型:定类变量、定序变量、定距变量和定比变量。定类变量和定序变量,统称为品质型变量;定距变量和定比变量,统称为数值型变量。数值型变量又可分为离散型变量和连续型变量,离散型变量指的是有限个数值或诸如0,1,2…之类无限可列值的变量,连续型变量可以取某一区间或多个区间中任意数值。

对总体、样本、变量、总体参数、统计量这些概念要联系起来理解和把握。总体在其中处于核心地位,统计的整个概念体系是围绕总体概念构建起来的。

1.4 统计学的职能

统计学的职能可概括为以下几点。

1. 信息职能

统计学的信息职能表现为人们对社会现象或自然现象的总体数量特征的认识作用，它是通过采集数据、整理数据、加工数据、显示数据、存储数据和提供数据等具体活动反映出来的。

2. 咨询职能

统计学的咨询职能是根据掌握的有关统计信息资源，通过调查研究、统计分析、统计预测、统计决策等形式为有关部门和管理者提供导向性和建设性的决策咨询服务。

3. 监督职能

统计学的监督职能是指根据掌握的统计信息，及时、准确地反映经济、社会对象的运行状态，并通过定量分析、预测预警、信息反馈、评判方案等形式发挥监测、督促和调控的作用。

上述三大职能相互作用、相辅相成，其中信息职能是最基本的职能，是咨询和监督职能得以有效发挥的前提条件，咨询职能是统计信息职能的延续和深化，监督职能是在信息和咨询职能基础上的进一步拓展。

1.5 统计学基本方法

统计方法是指用以收集数据、分析数据和由数据得出结论的一系列方法。统计方法通常可分为两类：描述统计方法和推断统计方法。

1.5.1 描述统计方法

描述统计方法分为两类:图表描述与统计量描述。频数分布表是用于整理和概括数据的方法，更为直观而生动的描述方法是在频数分布表的基础上制作频数分布图。适用于品质型变量的统计图主要有条形图、帕累托图、饼图和环形图等；适用于数值型变量的统计图主要有直方图、茎叶图、箱线图等；此外，还有适用于时间序列数据的线图；适用于多变量数据的散点图、气泡图、雷达图等。用于描述的统计量主要有 3 种类型：均值、众数、中位数等来描述数据分布的集中趋势；极差、方差、标准差、离散系数等来描述数据分布的离散程度；偏态和峰度来描述数据分布的形状。

1.5.2 推断统计方法

推断统计方法是统计方法的主体。假设检验与参数估计贯穿于统计推断过程的始终，参数检验的方法有单样本 T 检验、独立样本 T 检验和配对样本 T 检验等；非参数检验的方法有卡方检验、二项分布检验、游程检验、单样本 K-S 检验等。就变量之间的关系进行统计推断时，由于变量类型和数量不同，具体统计分析方法有方差分析、列联分析、相关与回归分析、主成分分析、因子分析、聚类分析、判别分析等。对于时间序列数据，对应的有时间序列分析的各种方法。

第 2 章 SPSS 工具介绍

2.1 SPSS 概述

SPSS 是"Statistical Package for the Social Sciences"的英文缩写,即"社会科学统计软件包"。随着 SPSS 产品服务领域的扩大和服务程度的加深,SPSS 公司于 2000 年正式将英文全称改为"Statistical Product and Service Solutions",意为"统计产品与服务解决方案"。

SPSS 是一种集成化的计算机处理和统计分析通用软件,是世界上公认的最优秀的统计分析软件包之一,被广泛应用于自然科学、社会科学的各个领域。近年来,我国政府部门、医疗卫生、体育、经济等领域的工作者已广泛使用该软件进行信息管理和决策分析工作。同时,SPSS 界面友好、功能强大、易学、易用,包含了几乎全部尖端的统计分析方法,具备完善的数据定义、操作管理和开放的数据接口以及灵活而美观的统计表格和统计图形制作。因此,本书选择 SPSS 统计分析软件作为统计方法应用实验的工具。

SPSS 统计分析软件从 1968 年诞生至今,已经历了多次改版,并于 20 世纪 90 年代推出了以交互式对话为主要特征的第 7 版。第 7 版以后的版本称为 SPSS for Windows 版,各种版本大同小异,本书的实验工具选择了 SPSS 14.0c for Windows 全模块中文版。

SPSS 的基本功能有数据管理、统计分析、图表分析、输出管理等,具体内容包括描述统计、列联表分析、总体的均值比较、相关分析、回归模型分析、聚类分析、主成分分析、时间序列分析、非参数检验等多个大类,每个类中还有多种专项的统计方法。

2.2 SPSS 的安装、启动和退出

2.2.1 安装 SPSS

SPSS 14.0c for Windows 的安装同其他 Windows 应用软件一样,非常容易掌握。安装具体步骤如下。

(1) 启动 Windows,打开"我的电脑"窗口,双击打开安装盘所在的驱动器。安装程序自动运行,打开如图 1.1 所示的安装选项对话框。

各安装选项及含义如下。

Install SPSS：安装 SPSS 14.0 for Windows 软件。

Install SmartViewer：安装 SPSS SmartViewer 阅读器，可以在没有 SPSS 软件的情况下读取和编辑 SPSS 生成的各种结果。

Install Amos7.0：结构方程建模软件，高级用户可选择安装。

Installation instructions：安装说明。

Install SPSS Data Access Pack：安装 SPSS 的数据库软件包，此软件提供了不同数据类型和不同数据库共享的解决方案。

Install Python2.4.3：面向对象的 Script 程序语言编辑软件，可用于 SPSS 命令程序的编写。

Install SPSS-Python Integration Plug-in：安装 SPSS-Python 整体插件。

Install Microsoft.NET Framework：安装 Microsoft.NET Framework 软件。

Install Dimensions Data Model and OLE DB Data Access：安装 Dimensions Data Model 和 OLE DB Data Access，该软件用于访问结构复杂的不同格式的数据文件。

Browse the CD-ROM：浏览光盘文件夹内容。

Exit：退出安装向导。

(2) 双击"Install SPSS"选项，进入 SPSS 14.0c for Windows 软件的安装界面。同安装其他的 Windows 软件一样，下面的安装可以按照提示一步步进行，在每一步操作时都要认真阅读显示的信息和提示。

① 用户首先需要接受软件使用协议(License Agreement)。

② 用户需要阅读安装说明，之后单击【Next】按钮，进入下一步安装过程。

③ 选定 SPSS 14.0c for Windows 的安装路径。

④ 用户需要填写用户名(username)、单位名称(organization)。

⑤ 单击"Install"按钮，开始安装 SPSS 14.0c for Windows 软件。

⑥ 安装完毕后，运行 SPSS 许可证向导(License Authorization Wizard)，选择注册软件的类型和序列号。成功注册之后，方可正常使用。

2.2.2 启动 SPSS

安装成功后，即可启动 SPSS 14.0c for Windows 软件。启动 SPSS 有以下 3 种方法。

(1) 由程序启动。选择【开始】→【程序】→【SPSS 14.0c Windows 版】命令，弹出如图 2.1 所示的对话框。对话框中包含 6 个单选按钮和 1 个复选框，分别说明如下。

① 运行教程。单击后，SPSS 将打开帮助教程，在教程中，用户可选择不同模块的帮助说明进行针对性的辅导。

② 输入数据。需要手动输入数据，建立新的数据文件时可选择此项。选中后，即进入空白的 SPSS 数据编辑窗口。

③ 运行现有的查询。运行一个已存在的问题文件。选择此项之后，就会使用户选择一个扩展名为.sqp 的文件。

④ 使用数据库向导创建新查询。选中后，将打开"数据库向导"对话框，根据向导指示可以建立新查询文件。

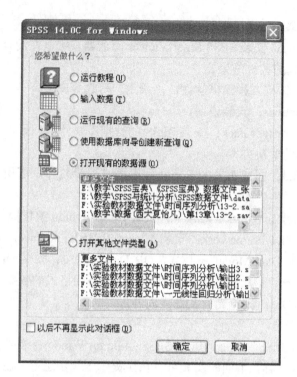

图 2.1 "SPSS 14.0c for Windows"对话框

⑤ 打开现有的数据源。打开一个已存在的数据源程序。使用该选项能打开一个扩展名为.sav 的文件。需要注意的是，在此单选按钮下面的列表框内显示了所有的数据文件列表以及近期曾打开过的数据文件，用户可直接在列表框中选择需要打开的文件。

⑥ 打开其他文件类型。选中后，单击"打开文件"按钮，可以选择其他类型文件的位置，并可单击打开文件。SPSS 可以打开的数据类型包括 SPSS(.sav、.sys、.syd、.poor)；Excel(.xls)；Lotus(.w)；Text(.txt)等。

⑦ "以后不再显示此对话框"勾选该复选框后，下次启动 SPSS 时将不会显示该对话框，而直接显示数据编辑窗口。

(2) 双击图表启动。

(3) 如果已建立了 SPSS 数据集，可双击 SPSS 数据集图表启动。

2.2.3 退出 SPSS

SPSS 有 3 种退出方法。
(1) 双击主窗口左上角的窗口菜单控制图标。
(2) 在主窗口中选择【文件(File)】|【退出(Exit)】命令，即可退出。
(3) 单击主窗口右上角的"关闭"按钮。

2.3 SPSS 的主要窗口

SPSS 的主要窗口包括数据编辑窗口和结果输出窗口。

2.3.1 数据编辑窗口

数据编辑窗口是 SPSS 默认的启动用户界面,如图 2.2 所示,用户可以在这里建立、读取、编辑数据文件,进行统计分析工作,其主要由以下几个部分组成。

图 2.2 SPSS 数据编辑窗口

(1) 标题栏。显示当前工作文件名称,右端有 3 个按钮,分别可以"最小化"、"最大化"、"关闭"SPSS 数据编辑窗口。

(2) 菜单栏。显示 SPSS 所有菜单命令,包含的菜单选项如下。

① "文件(File)"菜单:实现有关文件的调入、存储、显示和打印等。

② "编辑(Edit)"菜单:实现有关文本内容的选择、复制、剪贴、查找和替换等。

③ "视图(View)"菜单:可对数据编辑窗口的各栏目是否显示进行选择。

④ "数据(Data)"菜单:实现有关数据变量定义、数据格式选定、观察对象的选择、排序、加权、数据文件的转换、连接、汇总等。

⑤ "转换(Transform)"菜单:可以实现有关数值的计算、重新赋值、缺失值替代等。

⑥ "分析(Analyze)"菜单:应用一系列的统计方法输出分析数据、图表等。

⑦ "图形(Graphs)"菜单:制作相关统计图。

⑧ "实用程序(Utilities)"菜单:可以进行命令解释、字体选择、文件信息、定义输出标题、窗口设计等。

⑨ "窗口(Windows)"菜单:可以进行窗口的管理,包括窗口的排列、选择、显示等。

⑩ "帮助(Help)"菜单:帮助用户调用、查询、显示文件等。

(3) 工具栏。单击工具栏上的工具选项即可激活特定的功能,如图 2.3 所示。SPSS 工具栏所包含的工具选项都是在 SPSS 统计分析中最常用的,从左到右依次如下。

图 2.3　SPSS 数据编辑窗口工具栏

① 打开(Open File):可打开数据文件、语句文件、其他类型的文件等。

② 保存(Save File)：对数据进行编辑修改后，可以将修改好的内容进行保存。

③ 打印(Print)：打印输出数据编辑区的报表。

④ 恢复对话框(Dialog Recall)：单击后，可显示最近打开的对话框，重新对对话框进行编辑。如果打开文件后，从未打开任何对话框，则该功能不可用。

⑤ 撤销(Undo)：可撤销上一步或上几步的错误操作。

⑥ 恢复(Redo)：撤销操作后，若想还原，可单击该按钮。

⑦ 到达记录(Goto Case)：单击后，将打开"到达记录"对话框，在对话框内输入数字，可立即到达当前单元格所在变量(列)的记录(行)处。

⑧ 变量(Variables)：单击后，将打开"变量"对话框，对话框内将显示全部数据变量的名称、标签、类型等形式。

⑨ 查找(Find)：单击后，将打开"查找"对话框，在对话框内输入要查找的内容，即可找到该内容所在的单元格。

⑩ 插入记录(Insert Cases)：单击后，将在光标所在单元格的上方插入一行记录，可在该行中输入新的观测量。

⑪ 插入变量(Insert Variable)：单击后，将在光标所在单元格的左侧插入一列变量，可在该列中输入新的变量值。

⑫ 拆分文件(Split File)：单击后，将打开"拆分文件"对话框，可在该对话框中对文件进行分组，进而拆分文件。

⑬ 观测量加权(Weight Cases)：单击后，将打开"观测量加权"对话框，可在该对话框中选择频数变量对观测量进行加权求和。

⑭ 观测量选择(Select Cases)：单击后，将打开"观测量选择"对话框，可在该对话框中对所有观测量设定条件、范围及样本的随机性，进而筛选出所有满足条件的观测量。

⑮ 数值标签(Value Labels)：如果已对变量进行标签设定，单击该按钮，变量将被所对应的数值标签替代，再次单击该按钮，即可恢复显示。

⑯ 使用集合(Use Variable Sets)：将变量分组定义为集合后，可单击该按钮，在打开的"使用集合"对话框中，选择在数据编辑区中显示的变量集合。

显示所有变量(Show all Variables)：单击后，将在数据编辑区内显示所有的变量。

(4) 当前数据栏。以"记录名：变量名"的形式，说明当前单元格所在的位置。

(5) 数据输入区。显示当前单元格的数据内容，在数据输入区可以直接修改数据。

(6) 标尺栏。在标尺栏可以调节行、列的宽度。标尺栏有纵向标尺栏和横向标尺栏两种，横向标尺栏显示数据变量，纵向标尺栏显示数据顺序。

(7) 数据编辑区。数据编辑区是 SPSS 的主要操作窗口，是一个二维平面表格，用于对数据进行各种编辑。SPSS 的数据编辑区是以行、列的形式组成单元格，并可编辑单元格，进而修改数据。数据编辑区的行称为"记录"或"观察量"，列称为"变量"。

(8) 显示区滚动条。通过调节滚动条，可以显示报表不同位置的数据。

(9) 窗口标签。进入 SPSS，系统显示数据编辑窗口的数据视图。数据编辑窗口可以显示两张表，分别是数据视图和变量视图。在数据视图中，用户可以直接输入观察数据值或存放数据，表的左端列边框显示观察量的序号，最上端行边框显示变量名。变量视图用于定义和修改变量的名称、类型及其他属性。在变量视图中，每一行描述一个变量，每一列描述该变量的属性，变量属性从左到右依次是：变量名称、变量类型、变量宽度、小数点后位数、变量标签、变量值标签、缺失值、列宽、对齐格式、测量方式等。关于变量视图将在后面做专门介绍。

(10) 状态栏。显示 SPSS 的状态，如果显示的是"SPSS Professor is ready"，则 SPSS 可正常使用，并且为等待用户操作的状态。

2.3.2 结果输出窗口

结果输出窗口是 SPSS 的另一个主要窗口，该窗口的主要功能是显示和管理 SPSS 统计分析的结果、报表及图形。SPSS 结果输出窗口如图 2.4 所示。

SPSS 结果输出窗口的布局与数据编辑窗口类似，下面对存在差异的工具栏、大纲视图和结果输出区进行说明。

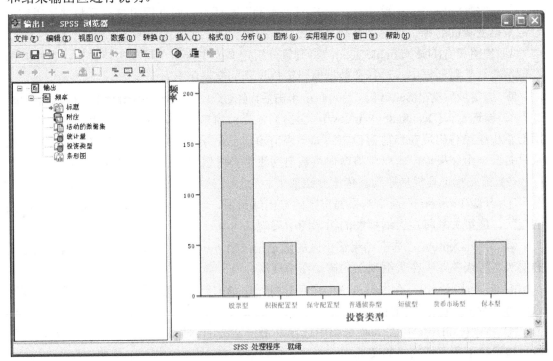

图 2.4　SPSS 结果输出窗口

1. 工具栏

如图 2.5 所示，SPSS 结果输出窗口工具栏共有两行。

(1) 第一行工具栏从左到右依次介绍如下。

图 2.5　SPSS 结果输出窗口工具栏

① 打开(Open File)：可打开结果文件。
② 保存(Save File)：对输出结果进行保存。
③ 打印(Print)：打印结果输出区的报表、图形。
④ 打印预览(Print Preview)：打印前对结果输出区的报表、图形进行预览、页面编辑。
⑤ 导出(Export)：导出结果输出区的报表、图形，结果可以导出到 Html 文件(.htm)、文本文件(.txt)、Excel 文件(.xls)、Word 文件(.doc)、PowerPoint 文件(.ppt)中。
⑥ 恢复对话框(Dialog Recall)：单击后，可显示最近打开的对话框，重新对对话框进行编辑；如果打开文件后，从未打开任何对话框，则该功能不可用。
⑦ 撤销(Undo)：可撤销上一步或上几步的错误操作。
⑧ 转至数据(Goto Data)：单击后，转换到数据编辑窗口。
⑨ 转至个案(Goto case)：单击后，将打开"转至个案"对话框，在对话框内输入数字，即可立即到达数据编辑窗口当前单元格所在变量(列)的记录(行)处。
⑩ 变量(Variables)：单击后，将打开"变量"对话框，对话框内将显示数据编辑窗口全部数据变量的名称、标签、类型等形式。
⑪ 使用集合(Use variable sets)：将变量分组定义为集合后，可单击该按钮，在打开的"使用集合"对话框中，选择在数据编辑窗口显示的变量集合。
⑫ 选定最后输出(Select Last Output)：单击后，自动选中结果输出区最后的一个输出结果。
⑬ 候选窗口(Designate Window)：单击后，当前窗口被设定为候选结果输出窗口，之后的输出结果将出现在当前窗口中。如果当前窗口已是候选窗口，此按钮将不可使用。如果只打开一个结果输出窗口，该窗口将被自动设定为候选窗口，此按钮也不可使用。

(2) 第二行工具栏从左到右依次介绍如下。
① 升级(Promote)：选中结果输出区的输出结果后，单击该按钮，可以向前调整该结果的层级。层级关系将在大纲视图的树形图中展现。
② 降级(Demote)：选中结果输出区的输出结果后，单击该按钮，可以向后调整该结果的层级。层级关系将在大纲视图的树形图中展现。
③ 展开(Expand)：在大纲视图中选定非最低层级的结果输出后，单击该按钮，将展开该层级下所有低层级的图标。
④ 折叠(Collapse)：在大纲视图中选定非最低层级的结果输出后，单击该按钮，将不显示该层级下所有低层级的图标。
⑤ 显示(Show)：在大纲视图中选定非最低层级的结果输出后，单击该按钮，将显示该层级下被隐藏的输出结果。
⑥ 隐藏(Hide)：在结果输出区选定输出结果后，单击该按钮，可将该结果隐藏。
⑦ 插入新题目(Insert Heading)：在结果输出区选定输出结果后，单击该按钮，可在该结果下方插入新题目，新题目将在大纲视图中显示，并可对新题目进行编辑修改。

⑧ 插入新标题(Insert Title)：在结果输出区选定输出结果后，单击该按钮，可在该结果下方插入新标题，新标题可直接在结果输出区进行编辑修改。

⑨ 插入文本(Insert Text)：在结果输出区选定输出结果后，单击该按钮，可在该结果下方插入新文本，新文本可直接在结果输出区进行编辑修改，用于补充说明上方输出图表。

2. 结果浏览区域

工具栏以下的窗口被纵向一分为二，左侧是大纲视图，右侧则显示详细的统计结果(统计表、统计图和文本结果)。两侧的元素是完全一一对应的，即选中一侧的元素，在另一侧该元素也会被选中。在大纲视图中，单击图表会选中所代表的一块或一段输出结果，双击图表可以使对应输出结果在显示、隐藏间切换，选中图表后单击图表的名称便可以更改图表名称。在结果输出区中，双击输出结果，可以对输出结果进行格式、样式的编辑。

第 2 篇 基础实验篇

第 3 章 数据文件的操作和预处理

建立 SPSS 数据文件是利用 SPSS 软件进行数据分析的首要工作。没有完整且高品质的数据，也就没有值得信赖的数据分析结论。在数据文件建立好之后，通常还需要对分析的数据进行必要的预加工处理，这是数据分析过程中不可缺少的一个关键环节。数据的预加工处理应服务于数据分析和建模，需要解决的问题有许多。例如，缺失值和异常数据的处理、数据转换处理、选取变量等。又如，如何在 SPSS 数据文件读取 Excel 工作表数据？如何将不同的 SPSS 数据文件合并成新文件以及将一个数据文件拆分为不同的文件？如何依据需要对某些变量进行排序并进行简单运算以获得期望结果？如何只对研究的个案进行操作并针对满足要求的个案统计？如何将数值型转化为品质型变量进行分类汇总？SPSS 提供了一些专门的功能辅助使用者实现数据的预加工处理工作，并且通过预处理还可以使用户对数据的总体分布有所了解。

3.1 数据文件的建立

3.1.1 实验目的

(1) 熟练掌握建立 SPSS 数据文件以及管理 SPSS 数据的基本操作。
(2) 熟悉 SPSS 数据编辑窗口及主要界面。
(3) 明确统计的基本程序及样本数据在整个程序中的位置。
(4) 掌握统计数据测量尺度的类型划分及变量的类型划分。
(5) 掌握统计数据的结构。
(6) 明确原始样本数据与 SPSS 数据文件之间的对应关系。

3.1.2 准备知识

1. 变量及其类型划分

在一项具体的统计活动中，总体中众多个体某一个或几个方面的属性称为变量。

可依据数据测量尺度的不同来划分变量类型。数据测量包括四种尺度：定类尺度、定序尺度、定距尺度和定比尺度。

(1) 定类尺度(Nominal)是按照某种属性对事物进行平行的分类。它是显示事物数量特征的最粗糙的一种尺度。用定类尺度测量所获得的数据只适用于是非判断运算(=、≠)。

(2) 定序尺度(Ordinal)可对事物类别间等级或顺序差别进行测度。定序尺度在显示事物数量特征方面比定类尺度更详尽。用定序尺度测量所获得的数据不仅适用于是非判断运算，还适用于大小比较运算(>、<)。

(3) 定距尺度(Interval)可对事物类别或次序之间的差距进行测度。定距尺度在显示数量特征方面比定序尺度更详尽。定距尺度测量所获得的数据不仅适用于是非判断运算、大小比较运算，还适用于加减运算(+、−)。

(4) 定比尺度(Ratio)可对事物类别或次序之间的差距及差别程度进行测度。定比尺度在显示事物数量特征方面比定距尺度更详尽。定比尺度测量所获得的数据不仅适用于是非判断运算、大小比较运算、加减运算，还适用于乘除运算(×、÷)。

依据数据测量尺度的不同，可将变量划分为四种类型：定类变量、定序变量、定距变量、定比变量。

其中，定距变量和定比变量的数据直接表现为数字，而定类变量和定序变量的数据则不直接表现为数字。因此，实践中人们常把定距变量和定比变量统称为数值型变量，将定类变量和定序变量统称为品质型变量。

SPSS 中，变量被划分为三种类型：定类尺度(Nominal)、定序尺度(Ordinal)和数值型变量(scale)。建立 SPSS 数据文件时，应注意变量的划分方式，变量类型的划分如表 3-1 所示。

表 3-1 变量类型的划分

测量尺度 \ 变量类型	品质型变量		数值型变量	
	定类变量	定序变量	定距变量	定比变量
定类(=、≠)	√	√	√	√
定序(>、<)		√	√	√
定距(+、−)			√	√
定比(×、÷)				√

2. 数据结构

样本数据是就某一个或某几个变量，针对样本中的每一个个体搜集或测量所得到的数据。尽管在实际统计活动中，研究对象千差万别，样本容量大小不一，变量个数不同，但样本的基本结构始终不变。

一个典型的样本数据包含两个且仅仅是两个构成要素：变量和观测。一个具体的样本数据可以有一个变量，也可以有两个，甚至几十个。观测值指的是样本中某一个个体在各个变量下的全体取值。如果某一样本的容量为 n，那么观测的个数就是 n 个。

要把观测与观测值相区别。观测的个数对应样本容量，观测值的个数则对应样本容量与变量的个数。如果一个容量为 n 的样本中变量的个数为 p，则观测值的个数为 $n \times p$。样本数据的一般结构如图 3.1 所示。

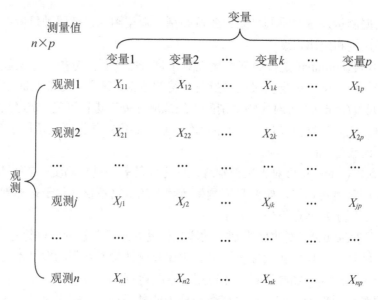

图 3.1 数据结构

在上述样本数据中，通常将变量纵向排列，观测横向排列。

3.1.3 实验内容

"一卡在手，走遍全球"，如今社会生活中信用卡已经随处可见，被人们广泛使用。信用卡是一种非现金交易付款的方式，是简单的信贷服务。它由银行或信用卡公司依照用户的信用额度与财力发给持卡人，持卡人持信用卡消费时无须支付现金，待结账日时再行还款。信用卡关系到国家的经济稳定问题和个人社会信用问题，备受社会关注。

经受着美国次贷危机带给中国的金融危机，政府部门实施积极的经济政策，稳定经济，确保民生。与此同时，在日益显现的通货膨胀的社会环境中，银行或信用卡公司相信并且发给消费者信用卡的依据是什么呢？带着问题，由经管学院 6 名本科学生组成的"经管学院 6 人统计调研小组"，制定了一个调查研究方案。该方案以信用卡使用者为研究总体，花费了一个多月的课余时间，通过发放和回收调查问卷，随机采访了 850 名信用卡使用者，获取了第一手数据资料。调查问卷的部分内容如下。

关于信用卡情况的调查

敬爱的先生/女士：

您好！

现在信用卡已经广泛被使用，很多人手中甚至持有几张信用卡。为了更好地收集信用卡使用信息，了解信用卡的关注程度，我们在此就信用卡的情况做一个调查，试图进一步揭示一点情况。本调查采取不记名方式，请您根据实际情况认真填写，衷心感谢您的支持与合作。下面占用您一点时间，回答几个小问题。

(1) 您的年龄_____。

(2) 您当前的教育水平是_____。

A．未完成高中　　　　B．高中　　　　C．大专　　　　D．本科　　　　E．研究生

(3) 您当前雇方的工作年限是_____。

(4) 您当前地址居住年限是_____。

(5) 您当前的家庭收入有_____千元。

(6) 您当前的负债收入比率为_____。

(7) 您的信用卡负债有_____。

再次感谢您的合作！

经管学院统计调研小组

这是一个小型的统计调研活动，可通过此例熟悉和掌握统计调研的基本方法、基本内容和基本步骤，培养从事实际统计工作的能力，调研方案要精心设计，中途修改将十分不便。数据搜集活动要身体力行，通过实际的数据采集活动，才会真切地体会到统计是一门艺术。

获得原始数据之后的第一件事就是要建立一个可用于进一步计算和分析的完整的 SPSS 数据文件。

3.1.4 实验步骤

1. 确定变量个数

问卷中共有 7 个问题，并且被设计为单选式和填空式。根据调查问卷的部分问题，此数据文件可设置 7 个变量，即年龄、教育水平、当前雇方工作年限、当前地址居住年限、家庭收入、负债收入比率、信用卡负债。

2. 定义变量属性

在 SPSS 主窗口的左下角处，单击"变量视图(Variable View)"标签，打开变量浏览界面，即可对 7 个变量一一加以定义。SPSS 数据文件要求定义变量的 10 个属性，即名称(Name)、类型(Type)、宽度(Width)、小数(Decimals)、标签(Label)、值(Values)、缺失(Missing)、列(Columns)、对齐(Align)、测量(Measure)。

(1) 名称：变量名。定义变量名时需注意以下几个问题。

① 变量名必须以字母为首，后面跟 a～z、0～9 字符，对于字符数量，在 SPSS 13.0 以上版本中没有具体限制。但需要注意，"？"、"！"、"/"、"\"等不能用做变量名，变量名也不能带扩展名，如 A1.2。

② 有些关键词不能作为变量名，如 AND、NOT、EQ、LT、LE、GT、GE、NE、TO、BY、CROSSTABS、WITH、ALL、THRU、PERCENTAGE。SPSS 不区分大小写字符，但程序中的命令和关键词要用大写字母，表示系统内定，变量名等宜用小写字母，表示人为指定。

③ 可以用中文做变量名，但最好不用，因为涉及兼容性的问题，很多情况下的输出可能会产生乱码，产生不便。

本数据文件中的 7 个变量的变量名可分别定义为 age、education、employment、livingyear、income、debtratio、creditdebt，如图 3.2 所示。

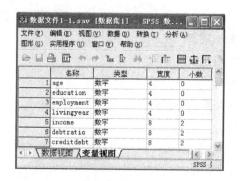

图 3.2 定义变量名

(2) 类型：变量类型。单击"类型(Type)"按钮，将会出现 … 按钮，单击此按钮将打开如图 3.3 所示的"变量类型"对话框。在此对话框中有 8 种变量类型可供选择。

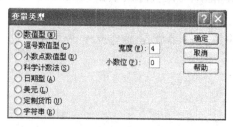

图 3.3 "变量类型"对话框

① 数值型：通常情况下，可选数值型，这也是 SPSS 的默认选项。系统默认长度为 8，小数位为 2。

② 逗号数值型：整数部分每 3 位数加一个逗号，其余定义方式同数值型。例如，输入 123456，将显示 123,456。

③ 小数点数值型：整数部分自左向右每隔 3 位用圆点作分隔符，用逗号作小数点。

④ 科学计数法。

⑤ 日期型。

⑥ 美元。

⑦ 定制货币。

⑧ 字符串：选中该选项后，可在数据输入时输入中文或英文字符。一般情况下不用字符串型。

⑨ 宽度：运算宽度，默认值为 8，运算宽度实际上只会改变输出结果的显示宽度，数据的储存结果与运算的精度不受宽度的影响。

⑩ 小数：小数位数，默认为 2 位小数。

(3) 标签：变量标签。用于扼要说明变量名的含义，如本数据中 7 个变量名 age、education、employment、livingyear、income、debtratio、creditdebt 下的变量标签可分别定义为年龄、教育水平、当前雇方工作年限、当前地址居住年限、家庭收入、负债收入比率、信用卡负债。

(4) 值：取值标签。用于针对定类变量的取值进行编码。例如，在针对教育水平变量 education 定义取值标签时，可定义 1 代表未完成高中，2 代表高中，3 代表大专，4 代表本科，5 代表研究生。在"值(Value)"文本框中输入 1，再在"标签(Value Label)"文本框中输入未完成高中，单击"添加(Add)"按钮确认，即可定义"1='未完成高中'"，定义"2='高中'"，定义"3='大专'"，"4='本科'"，"5='研究生'"。最后单击"确定(OK)"按钮即可，如图 3.4 所示。

(5) 缺失：缺失值。SPSS 有两类缺失值，系统缺失值和用户缺失值。在数据视图界面中，任何空着的数字单元都被认为是系统缺失值，用点号"."表示。由于特殊原因形成的信息缺失值，称为用户缺失值。例如，在统计过程中，可能需要区别一些被访者不愿意回答的问题，然后将它们标为用户缺失值，统计过程可识别这些标志，带有缺失值的观测将被特别处理。

单击"缺失(Missing)"按钮，再单击 按钮，打开"缺失值(Missing Values)"对话框，如图 3.5 所示。

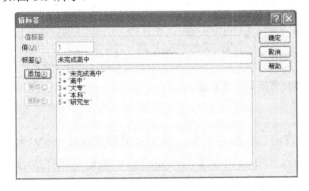
图 3.4 "值标签"对话框

图 3.5 "缺失值"对话框

对话框中有三个单选按钮，默认值为最上方的"没有缺失值(No Missing Values)"，即不自定义缺失值的方式。选择"离散缺失值(Discrete Missing Values)"，可指定离散的缺失值，最多可以定义 3 个值。选择"范围加上一个可选离散缺失值(Range Plus One Optional Discrete Missing Value)"，可指定缺失值存在的区间范围，并可同时指定一个离散值。本实验中不考虑缺失值的存在。

(6) 列。列宽，可输入变量所在列的列宽，默认为 8。

(7) 对齐。对齐方式有 3 种选择，即左对齐、居中对齐和右对齐。

(8) 测量。数据度量尺度有 3 种选择，即名义(定类型)、有序(定序型)和尺度(数值型)。

本数据中的 7 个变量的定义内容如表 3-2 所示，其中省略了宽度、小数、缺失、列、对齐 5 个属性的内容。

表 3-2 数据中变量属性的定义

序号	名称	类型	标签	值	测量
1	age	数字	年龄	无	尺度
2	education	数字	教育水平	1=未完成高中，2=高中，3=大专，4=本科，5=研究生	有序

续表

序号	名称	类型	标签	值	测量
3	employment	数字	当前雇方工作年限	无	尺度
4	living year	数字	当前地址居住年限	无	尺度
5	income	数字	家庭收入	无	尺度
6	debtratio	数字	负债收入比率	无	尺度
7	creditdebt	数字	信用卡负债	无	尺度

本数据在 SPSS 中定义完毕的 7 个变量如图 3.6 所示。

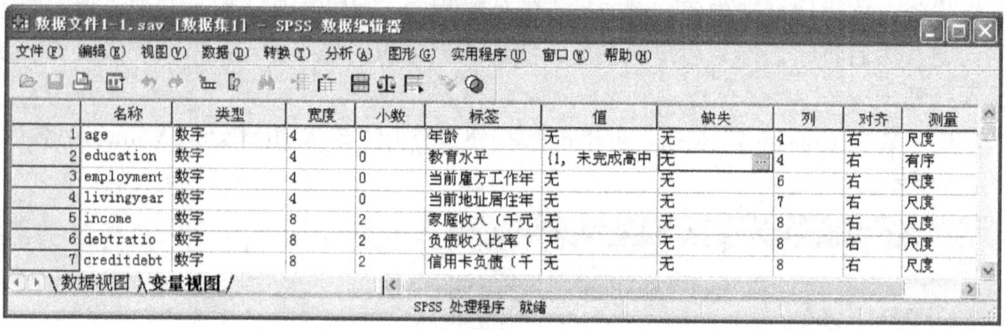

	名称	类型	宽度	小数	标签	值	缺失	列	对齐	测量
1	age	数字	4	0	年龄	无	无	4	右	尺度
2	education	数字	4	0	教育水平	{1, 未完成高中	无	4	右	有序
3	employment	数字	4	0	当前雇方工作年	无	无	6	右	尺度
4	livingyear	数字	4	0	当前地址居住年	无	无	7	右	尺度
5	income	数字	8	2	家庭收入（千元	无	无	8	右	尺度
6	debtratio	数字	8	2	负债收入比率（	无	无	8	右	尺度
7	creditdebt	数字	8	2	信用卡负债（千	无	无	8	右	尺度

图 3.6 定义完毕的 7 个变量

3. 录入样本数据

变量定义完成后，在 SPSS 的数据编辑窗口中的左下角，单击“数据视图(Data View)”标签，切换至数据浏览界面，通过键盘输入 850 份问卷中的原始数据。数据录入完成后所建立起来的 SPSS 数据文件如图 3.7 所示(见数据文件“3-1.sav”)。

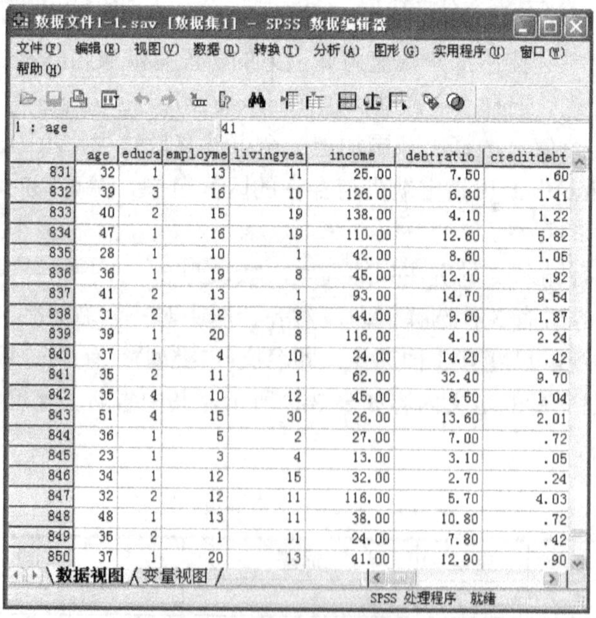

	age	educa	employme	livingyea	income	debtratio	creditdebt
831	32	1	13	11	25.00	7.50	.60
832	39	3	16	10	126.00	6.80	1.41
833	40	2	15	19	138.00	4.10	1.22
834	47	1	16	19	110.00	12.60	5.82
835	28	1	10	1	42.00	8.60	1.05
836	36	1	19	8	45.00	12.10	.92
837	41	2	13	1	93.00	14.70	9.54
838	31	2	12	8	44.00	9.60	1.87
839	39	1	20	8	116.00	4.10	2.24
840	37	1	4	10	24.00	14.20	.42
841	35	2	11	1	62.00	32.40	9.70
842	35	4	10	12	45.00	8.50	1.04
843	51	4	15	30	26.00	13.60	2.01
844	36	1	5	2	27.00	7.00	.72
845	23	1	3	4	13.00	3.10	.05
846	34	1	12	15	32.00	2.70	.24
847	32	2	12	11	116.00	5.70	4.03
848	48	1	13	11	38.00	10.80	.72
849	35	2	1	11	24.00	7.80	.42
850	37	1	20	13	41.00	12.90	.90

图 3.7 SPSS 数据文件

3.1.5 实验总结

建立 SPSS 数据文件是利用 SPSS 软件进行数据分析的基础,应掌握统计数据测量尺度的类型划分及变量的类型划分,并熟练掌握建立包含品质数据型变量和数值型变量的 SPSS 数据文件。

3.1.6 思考与练习

(1) 针对当前学校或社会关注的热点问题,设计一份调查问卷并进行调查。尝试在 SPSS 中录入所获得的调查数据形成一份 SPSS 数据文件。其中,变量的类型要求包含字符型和数值型,变量的尺度应包括定距型、定类型和定序型。如果调查中存在缺失数据,应在 SPSS 数据文件的建立过程中进行必要的说明。

(2) 调查问卷中设计问题及回答一般可以采取哪几种方式?本问卷中的 7 个问题被设计为填空和单选式,这种设计是否合理?本问卷中的哪几个问题设计成多选择式或量表会更合理一些?

(3) 针对本次调查的研究目的,本问卷是否有必要增加变量,多提问一些问题?

(4) 缺失值对于统计分析的结果有何影响?如果在建立数据文件的过程中遇到缺失值的情况,应当如何处理?

(5) 本实验的样本数据中如果出现数值型变量,应当如何定义其 SPSS 数据文件中的 10 个属性?

(6) 某汽车经销商为了增加销售量,对汽车市场进行了调查,欲将数据录入 SPSS 软件中,建立数据文件应至少包含哪些变量,各属于什么类型?(参照数据文件:3-1.练习.sav)

3.2 数据文件的整理

3.2.1 实验目的

(1) 明确对原始数据进行预处理的意义。
(2) 继续熟悉 SPSS 数据编辑窗口中的数据浏览界面。
(3) 熟悉掌握针对 SPSS 数据集进行编辑、整理和初步加工的基本方法和具体操作步骤。

3.2.2 准备知识

1. 数据的审核

数据资料搜集上来并完成数据录入之后,接下来的工作就是审核。数据审核就是对调查取得的原始数据进行审查与核实。其目的在于保证资料的完整性、准确性和客观性,为进一步的资料整理打下基础。在调查过程中,由于所研究的问题和采取的调查方法不同,所取得的数据资料也是各种各样的。对于不同类型的数据资料,审核的内容、方法和侧重点会有所不同。一般而言,数据资料审核的内容主要包括完整性、准确性和及时性三个方面。

(1) 完整性。检查所有的调查表或调查问卷是否已经收全并完整录入，调查的所有问题是否都填写齐全，如有缺失值则应当予以补齐。无法补齐时，应当制定相应的解决对策，以便于以后的深入分析。

(2) 准确性。检查数据资料是否真实地反映了调查对象的客观情况，内容是否符合常理；检查数据资料是否有错误，计算是否准确。

(3) 及时性。检查资料与实际发生的时间间隔长短，一般来说间隔越短越好。检查所填项目所属时间与调查要求的项目所属时间是否一致，若二者不一致，则不能用于分析所研究的问题。

2. 数据的分组

数据资料整理过程中的分组，就是根据研究的目的，按照有关变量的各个不同取值将数据资料区分为若干不同的部分。其目的是便于以后的对比分析，以揭示研究对象内在的结构特征。

数据的分组分三种情况：按定类变量的不同取值进行分组，按定序变量的不同取值进行分组和按数值型变量的不同取值进行分组。

(1) 定类变量是离散取值的，因此一般情况下可以把数据区分成有限的组别。定类变量的取值没有顺序性，因此组与组之间的排列也没有顺序上的要求。

(2) 定序变量也是离散取值的，但具有顺序性，因此，组与组之间的排列也要讲求顺序性。

(3) 数值型变量通常都是连续取值的，分组时需要做进一步的技术处理，如将数值型变量定类化，即重新编码。这些工作都要在数据的预处理过程中完成。

总而言之，由于种种原因，已经录入数据集中的样本数据经常会需要进行审核、修改、分组、合并、排序、初步加工计算、重新编码、个案观测的寻找、插入和删除等必要的预处理工作。

3.2.3 实验内容

经管学院 6 人统计调研小组在研究中发现，关于信用卡情况的调查问卷设计得过于简单，由此所搜集上来的数据不能满足进一步深入和展开问题研究的需要。为此，他们又专门搜集了 850 位被访者其他负债、是否曾经违约、净收入、信用得分的情况。所获取的数据文件是一个 Excel 格式的文件，参见数据集"3-1.xls"。该文件包含 5 个变量和与原来 850 位被访者相对应的 850 个观测。5 个变量的变量名分别为 number、otherdebt、defaulter、pureinco、creditmar。

现在需要将这个 Excel 格式的文件转换为 SPSS 数据集，再与 3.1 节中的 SPSS 数据集"3-1.sav"合并为一个完整的 SPSS 数据集。在此基础上，进一步拓展研究范围，进而得出更为深刻的分析结论。

此外，在针对合并后的 SPSS 数据集进行具体的统计分析之前，还有大量细致的数据预处理工作需要完成。

3.2.4 实验步骤

1. 转换 Excel 格式文件为 SPSS 数据集

(1) 打开 SPSS 主窗口，选择【文件(File)】→【打开(Open)】→【数据(Data)】命令，

打开"打开文件(Open File)"对话框。在此对话框中选择数据文件类型"Excels(*.xls)",并输入 Excel 格式文件数据文件名"3-1.xls"。

(2) 单击"打开"按钮,打开如图 3.8 所示的"打开 Excel 数据源"对话框。

图 3.8 读入 Excel 数据文件

(3) 单击此对话框中的"确定(OK)"按钮,即可在 SPSS 数据编辑窗口中以 SPSS 数据集格式打开此 Excel 格式文件,稍加调整,命名保存后即可获得一个内容相同的 SPSS 数据集,参见数据集"3-2.sav"。

(4) 单击"变量视图(Variable View)"按钮,再单击按钮,打开"缺失值(Missing Values)"对话框,对是否曾经违约和信用得分两个变量的缺失值进行定义,如图 3.9 和图 3.10 所示。

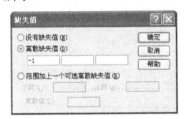

图 3.9 定义是否曾经违约　　　　　　　图 3.10 定义信用得分

2. 合并数据集

将 3.1 节中获得的 SPSS 数据集"3-1.sav"与由 Excel 格式文件转换获得的数据集"3-2.sav"加以合并。

两个数据集各自所包含的观测是一致的,变量有所不同。这种合并称为横向合并,即将两个观测一致、变量不同的数据集合并为一个完整的数据集。具体合并步骤如下。

(1) 在数据浏览窗口中打开"3-1.sav"。选择【数据(Data)】→【合并文件(Merge File)】→【添加变量(Add Variables)】命令,打开"添加变量(Add Variables)"对话框。在此对话框中输入已存在于磁盘上的需要进行横向合并的 SPSS 数据集"3-2.sav"。

(2) 单击"打开(Open)"按钮,打开如图 3.11 所示的对话框。

待合并的两个数据集中的所有变量名均显示在"新的活动数据集(New Working Data File)"列表框中。SPSS 默认这些变量均保存在以原有变量名进行合并后的新数据文件中。图 3.12 中阴影部分所示的各个变量是数据集"3-2.sav"中的原有变量,其余变量为数据集"3-1.sav"中的原有变量。用户还可以在对话框中任意剔除或加入变量。如需要剔除变量编号,

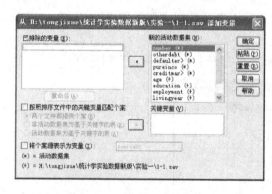
图 3.11 横向合并数据文件

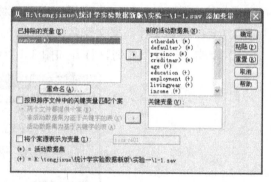
图 3.12 剔除变量编号

(3) 单击"确定(OK)"按钮，数据编辑窗口会自动显示合并后的数据集，用户可根据实际需要加以保存，如命名为"3-3"加以保存(见数据集"3-3.sav")。数据集"3-3.sav"中所包含的合并后的 13 个变量如图 3.13 所示。

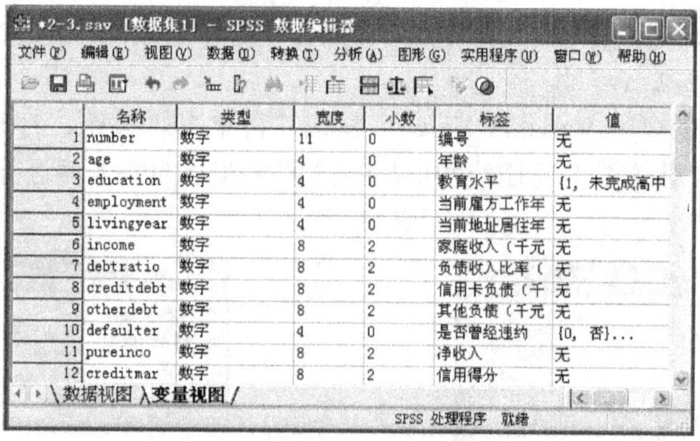

图 3.13 合并后所得新的数据文件中的各个变量

3. 排列

合并后所获得的新数据文件中的 850 个观测的排列次序是由数据录入时的先后次序决定的。接下来的整理和分析工作一般是就某一个研究者所关心的变量的观测值进行排序。排序有助于研究者浏览数据和了解数据取值的大体范围，使研究者可以快速地发现数据中可能存在的异常值，为进一步明确它们是否对分析产生重要影响提供帮助。例如，分别就教育水平按家庭收入升序排序，操作步骤如下。

(1) 选择【数据(Data)】→【对个案排序(Sort Cases)】命令，打开如图 3.14 所示的"个案排序(Sort Cases)"对话框。

图 3.14 "个案排序"对话框

(2) 在此对话框中依次指定排序变量"教育水平[education]"和"家庭收入[income]"到"排序方式(Sort by)"列表框中,并选中"升序(Ascending)"单选按钮。

(3) 单击"确定(OK)"按钮,数据浏览界面中的数据便自动按要求重新排列并显示出来。

4. 简单计算

分析中,可能会需要计算总负债(总负债=家庭收入×负债收入比率),并验证"总负债=信用卡负债+其他负债"是否成立。这项工作可以利用 SPSS 中的简单计算功能来完成,操作步骤如下。

(1) 选择【转换(Transform)】→【计算(Compute)】命令,打开如图 3.15 所示的"计算变量"对话框。

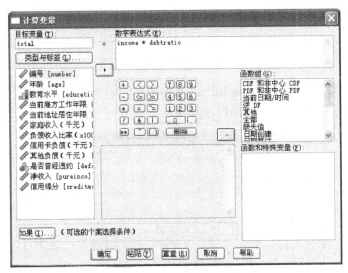

图 3.15 "计算变量"对话框

(2) 在"数字表达式(Numeric Expression)"文本框中利用对话框提供的简单计算器给出算术表达式"income*debtratio",并在"目标变量(Target Variable)"文本框中输入用于存放计算结果的变量名"total"。

(3) 单击"确定(OK)"按钮,计算结果即可显示在数据浏览界面中。

(4) 对计算结果进行检验。再进行一次总负债的计算(总负债=信用卡负债+其他负债),其操作过程与上图一样,在"目标变量(Target Variable)"文本框中输入用于存放计算结果的变量名"total2"。最后,验证"总负债=信用卡负债+其他负债"是否成立,即验证"total=total2"是否成立。

5. 选择观测

分析中,如果需要针对 850 名被访者中的曾经不违约的被访者做出专门的统计分析,可以利用 SPSS 中的观测选择功能来完成,操作步骤如下。

(1) 选择【数据(Data)】→【选择个案(Select Cases)】命令,打开如图 3.16 所示的"选择个案(Select Cases)"对话框。

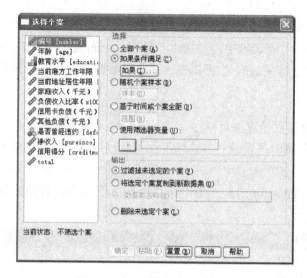

图 3.16 "选择个案"对话框

(2) 选中"如果条件满足(If Condition is Satisfied)"单选按钮，并单击"如果(If)"按钮，打开如图 3.17 所示的"选择个案：If"对话框。

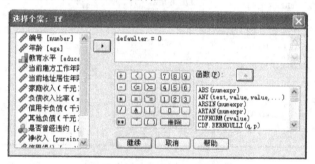

图 3.17 "选择个案：If"对话框

(3) 利用对话框中提供的简单计算器给出算术表达式"defaulter=0"。

(4) 单击"继续(Continue)"按钮返回"选择个案"对话框，单击"确定(OK)"按钮，系统将自动选定符合条件的所有观测。此后的所有操作将只是针对已选定的观测进行分析和计算。

6. 清点观测

欲对家庭收入在 100 千元以上的被访者做一个清点，可利用 SPSS 中的清点观测功能来完成，操作步骤如下。

(1) 选择【转换(Transform)】→【计数(Count)】命令，打开如图 3.18 所示的"计算个案内值的出现次数"对话框。

(2) 选择参与清点的变量"家庭收入[income]"进入"数字变量(Numeric Variables)"文本框内。

(3) 在"目标变量(Target Variable)"文本框中输入一个变量名，如"count"，并在"目标标签(Target Variable)"文本框中输入一个变量标签，如"高收入"。

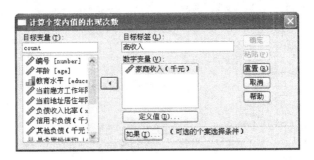

图 3.18 "计算个案内值的出现次数"对话框

(4) 单击"定义值(Define Values)"按钮,在打开的对话框中可以定义清点观测后取值,如图 3.19 所示。

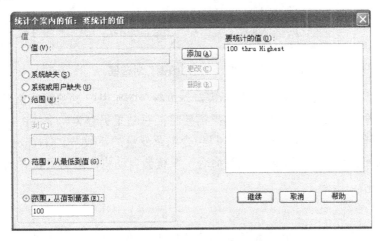

图 3.19 定义清点观测取值

(5) 在"范围,从值到最高(Range Through Highest)"参数框中输入"100",并单击"添加(Add)"按钮。

(6) 单击"继续(Continue)"按钮返回"统计个案内值的出现次数"对话框,单击"确定(OK)"按钮,系统将会根据用户的定义和选择自动完成清点,并将清点结果在数据浏览界面上以一个新变量显示出来。

7. 分类汇总

分析中,如果需要就家庭收入不同的被访者的负债情况进行比较,可利用 SPSS 的分类汇总功能,分别计算家庭收入不同的被访者不同负债种类的平均负债情况,操作步骤如下。

(1) 选择【数据(Data)】→【分类汇总(Aggregate)】命令,打开如图 3.20 所示的"汇总数据"对话框。

(2) 在此对话框中指定分类变量"家庭收入[income]"进入"分组变量(Break Variables)"列表框内,指定待汇总的变量"信用卡负债[creditdebt]"、"其他负债[otherdebt]"进入"汇总变量(Aggregated Variables)"列表框中。

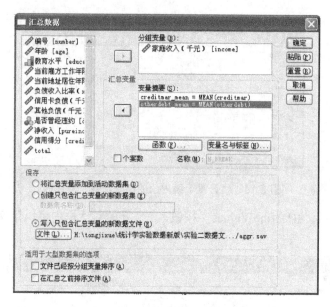

图 3.20 "汇总数据"对话框

(3) 单击"确定(OK)"按钮,SPSS 将自动进行分类汇总,并将分类汇总结果在数据浏览界面上以一个新的变量显示出来。如果需要将汇总结果另存为一个 SPSS 数据文件,可在此之前,选择【保存(Save)】→【写入只包含汇总变量的新数据文件(Create New Data File Containing Aggregated Variables Only)】命令,系统会自动将汇总结果以"aggr.sav"为名另存为一个文件。

8. 分组

分析中,如果需要将 850 名被访者按家庭收入分为低收入、一般收入、较高收入、高收入 4 组,以便于今后针对收入这种数值型变量做频数统计,可利用 SPSS 中的重新编码功能,进行如下操作。

(1) 选择【转换(Transform)】→【重新编码(Recode)】→【成不同变量(Into Different Variables)】,打开如图 3.21 所示的"重新编码为其他变量"对话框。

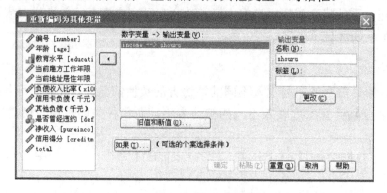

图 3.21 对数值型变量重新编码

(2) 选择变量"家庭收入[income]"到"输入变量(Numeric Variables)->输出变量(Output Variable)"列表框中。在"名称(Name)"文本框中输入存放分组结果的变量名。例如,变量"家庭收入[income]"分组后的新变量名可定为"shouru"。如有必要,也可在"标签(Label)"文本框中给出相应的变量标签。

(3) 单击"旧值和新值(Old and New Values)"按钮,在打开后文本框中进行分组区间定义。在本数据中可进行如下定义:第1组,低,20千元以下;第2组,一般,20~50千元;第3组,较高,50~100千元;第4组,很高,100千元以上,如图3.22所示。

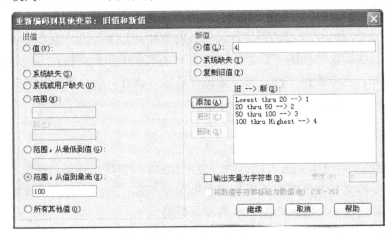

图 3.22　定义分组区间

(4) 单击"继续(Continue)"按钮返回"重新编码到其他变量"对话框,单击"确定(OK)"按钮,系统将会依据用户定义和选择自动完成分组,并将分组结果在数据浏览界面上以新的变量显示出来。

9. 拆分数据

分析中,如果打算针对教育水平的不同情况,分别进行有关的统计分析和计算,则需要事先进行拆分数据的操作,操作步骤如下。

(1) 选择【数据(Data)】→【拆分文件(Split File)】命令,打开如图3.23所示的"分割文件"对话框。

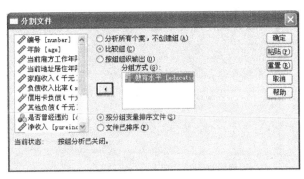

图 3.23　"分割文件"对话框

(2) 选中"比较组(Compare Groups)"单选按钮,并指定拆分变量"教育水平[education]"到"分组方式(Groups Based on)"列表框中。

(3) 单击"确定(OK)"按钮,系统将会依据用户定义和选择自动完成数据拆分。数据拆分将对今后的所有分析活动一直起作用，即无论进行哪种统计分析，都将按拆分变量的不同组别进行分析和计算。如果希望重新对所有数据进行整体分析，则需要重新执行数据拆分，并在"分割文件"对话框中选中"分析所有个案，不创建组(Analyze All Cases, Do Not Create Groups)"单选按钮。

3.2.5 实验总结

熟悉掌握针对 SPSS 数据文件进行编辑、整理和初步加工的方法和步骤。利用所提供数据文件自主完成编辑、视图、数据、转换 4 个主菜单中的所有操作。能够熟练进行数据文件转换，合并、拆分数据文件，对变量进行排序、计算，对个案进行选择观测、清点观测、分类汇总和分组。

3.2.6 思考与练习

(1) 利用数据文件"3-3.sav"的数据，采用 SPSS 数据筛选功能将数据分成两份文件。其中，第一份数据文件存储教育水平是"本科"且"未曾违约"的调查数据；第二份数据文件是按照简单随机抽样所选取的 40%的样本数据。

(2) 经管学院统计调研小组为何要进一步去搜集 850 名被访者的其他负债、是否曾经违约、净收入、信用得分的情况？他们可能是采取何种方式、通过何种途径来获得这些数据的？

(3) 如果另有一个关于同样变量的另外一些被访者的数据集，并需要将其与原数据集加以合并，应当如何操作？

(4) 清点观测的过程中，如果仅仅是针对 850 名被访者中的曾经违约者来清点收入在 50～100 千元之间者，应当如何操作？

(5) 分类汇总中，欲汇总教育水平不同的被访者的信用卡负债和其他负债的标准差，应当如何操作？

(6) 拆分数据中，若要对教育水平和是否曾经违约两个变量中的不同情况进行双重拆分，应当如何操作？

(7) 在本实验中，还应当学会并熟练掌握编辑、视图、数据、转换 4 个主菜单中其他有关的数据预处理操作。

第4章 描述统计

对数据的分析通常是从基本统计分析入手的。通过基本统计分析，能够使分析者掌握数据的基本统计特征，把握数据的总体分布形态。基本统计分析的结论对进一步的数据建模将起到重要的指导和参考作用。要实现这些分析，可采用两种方式实现：图形绘制，即绘制常见的基本统计图形，通过图形直观展现数据的分布特点，比较数据分布的异同；数值计算，即计算常见的基本统计量的值，通过数值准确反映数据的基本统计特征，反映变量统计特征上的差异。一般情况下，数值计算和图形绘制是相互结合使用的，它们起到相辅相成的作用。

对品质型数据可制作频数分布表、分布条形图、饼形图和帕累托图，对数值型数据采用的频数分布图主要有茎叶图、箱线图、直方图。常见的一般描述统计量可以分成三类：刻画集中趋势的描述统计量；刻画离散程度的描述统计量；刻画分布形态的描述统计量。通常，综合此三类统计量就能准确和清晰地把握数据的分布特点。

4.1 统计数据的图表描述

4.1.1 实验目的

(1) 掌握定类数据和定序数据的图表描述方法及 SPSS 的具体操作。
(2) 掌握数值型数据的图表描述方法及 SPSS 的具体操作。

4.1.2 准备知识

1. 频数分布表

整理定类或定序数据时，首先要列出所分的类别，然后计算出每一类别的频数或频率，将各个类别的相应频数或频率全部列出，并用表格形式表现出来，就形成了频数分布表。定类数据不要求类别间排列的顺序，定序数据则应按变量的取值顺序排列成表。

频数分布表中反映的频数分布状态，通过频数分布图可以更为直观、生动地显示出来。适用于定类或定序数据的频数分布图主要有条形图、帕累托图和饼形图等。

(1) 条形图(Bar Chart)。条形图是利用相等宽度的条形的长度来表示数据多少或频率高低的图形。条形图可以横排也可以竖排，竖排是将类别的度量放在横轴上，横排是将类别的度量放在纵轴上。条形图还可以分为简单条形图、对比条形图等形式。

(2) 帕累托图(Pareto Chart)。帕累托图是按照各类中的观测值出现的频数多少排序后绘制的条形图，图中还可以给出累积频数分布的图形显示。对条形图排序，会使读者更容易看出哪类数据出现的频数最多，哪类数据出现的频数最少。帕累托图在质量控制研究中有广泛应用。

(3) 饼形图(Pie Chart)。饼形图是以圆的整个面积表示所观测值整体，以圆内各扇形面积表示各类比例的频数分布图。

2. 数值型数据的频数分布表

数值型数据的频数分布表与品质型数据的频数分布表的制作原理相同。但由于数值型数据多为连续取值且取值的个数往往很多，所以一般不适宜制作以单个变量值为一组的单项频数分布表，而且通常以两个变量值代表一定的取值区间为一组制作组距式频数分布表，以显示数据整体的频数分布特征。

3. 数值型数据的频数分布图

适用于数值型数据的频数分布图主要有茎叶图、箱线图、直方图。

(1) 茎叶图(Stem-and-leaf Display)。茎叶图将数据分成"茎"和"叶"两部分，利用计算机作图达到直方图分组的目的。通过茎叶图，可以看出数据的分布形状及数据的离散状况。例如，分布是否对称，数据是否集中，是否有离群点，等等。在实际应用中，茎叶图的行数还要根据数据的分散状况及数据分布的特征来确定。总之，要以能充分显示出数据的分布特征为目的。茎叶图类似于横置的直方图，与直方图相比，茎叶图既能给出数据的分布状况，又能给出每一个原始数据，即保留了原始数据的信息，而直方图则不能给出原始的数据。

茎叶图一般适用于数据规模比较小且取值区间比较大的数值型数据的频数分布显示。每个观测值被分为高位数字和尾位数字两部分。制作图形时以高位数字为茎，尾位数字为叶，组距式地显示频数分布状态。

(2) 箱线图(Box Plot)。箱线图是由一组数据的最大值、最小值、中位数和两个四分位数 5 个特征值绘制而成的，反映原始数据分布的图形。对于单组数据，可以绘制简单箱线图；对于多组数据，可以绘制比较箱线图。通过箱线图，不仅可以反映出一组数据分布的特征，还可以进行多组数据分布特征的比较。

箱线图一般适用于数据规模比较大的数值型数据的频数分布显示。取上、下四分位数之间的占整个数据 50%的观测值来集中显示数据的频数分布状况。上、下四分位差越小，箱线图越窄，表明数据分布集中程度越高；反之，表明集中程度越低。

(3) 直方图(Histogram)。直方图一般也适用于数据规模比较大的数值型数据的频数分布显示，而且比箱线图来的直观。图形以若干个直方组成。通常每条直方的宽度代表各组的取值区间，高度代表各组的频数或频率。

4.1.3 实验内容

随着我国国民经济的快速发展，国家对教育的投入越来越大，教育综合实力进一步增强。在高校,申请国家科研经费(指国家用于发展科学技术事业的费用)来进行科研目前已成为一种非常普遍的方式。统计数据显示,2010 年近一半主要高校科研经费超过 10 亿元,而清华大学、北京大学、浙江大学均超过 20 亿元。科研经费的增加,不仅扩大了各大高校对科学技术的研究范围,也更有利于论文的高质量产出。同时,高校教师对学校科研管理部门的满意度更是国家所关心的问题。这里对某高校教师进行了相关的调研,获得了相关数据资料,供分析使用(见数据文件"4-1.sav")。

此数据文件包括 12 个变量,姓名、性别、年龄、文化程度、工作年月、职称、工作量、论文数、科研经费、科研要求、数据库、满意度。其中,教师常用的数据库类型为比较典型的定类变量,工作量是我们比较关心的一个定序变量。请针对这些变量的数据,制作频数分布表和频数分布图。

另外,随着生活水平的提高,购买汽车已经成为一种时尚。2010 年 5 月 28 日,国家信息中心信息资源开发部主任徐长明在参加中国新能源汽车发展高峰论坛时发表演讲表示,我国是汽车大国,销量增长速度惊人,最晚 2011 年就能实现 7500 万辆的汽车保有量,超过日本成为全球第二。消费者面对众多的汽车,如何选择汽车制造商,购买何种型号的汽车,需要在对汽车市场做出全面了解的基础上进行决策。这里收集了 2011 年国内外主要汽车的基本资料,供分析使用(见数据文件"4-2.sav")。

此数据文件反映了国内外 29 个汽车制造商 157 款汽车的基本资料。资料中包含了 15 个变量,其中变量 manufact 为制造商,model 为型号,sales 为以千为单位的销售量,resale 为 4 年的转售价值,type 为车辆类型,price 为以千为单位的价格,engine_s 为发动机大小,horsepow 为马力,wheelbas 为轴距,width 为宽度,length 为长度,curb_wgt 为整备质量,fuel_cap 为油箱容量,mpg 为燃油效率,lnsales 为对数变换销售。

数据文件中的 15 个变量大多数为数值型变量。数据处理过程中可根据需要制作茎叶图、箱线图直方图进行统计描述。

4.1.4 实验步骤

1. 全文期刊数据库的频数分布表与频数分布条形图(教师最常用)

(1) 打开数据文件"4-1.sav",选择【分析(Analyze)】→【描述统计(Descriptive Statistics)】→【频率(Frequencies)】命令,打开如图 4.1 所示的"频率(Frequencies)"对话框。

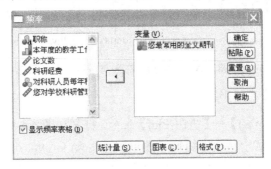

图 4.1 "频率"对话框

(2) 选择变量"您最常用的全文期刊数据库的名称"进入"变量(Variables)"列表框中,

勾选"显示频率表格(Display Frequency Tables)"复选框。

(3) 单击"图表(Charts)"按钮,打开如图4.2所示的"频率:图表(Frequencies:Charts)"对话框。在此对话框中选中"图表类型(Charts Type)"选项区域中的"条形图(Bar Charts)"单选按钮,选中"图表值(Charts Values)"选项区域中的"频率(Frequencies)"单选按钮。

图4.2 "频率:图表"对话框

(4) 单击"继续(Continue)"按钮,返回"频率"对话框,单击"确定(OK)"按钮,系统输出结果如图4.3所示。

您最常用的全文期刊数据库的名称

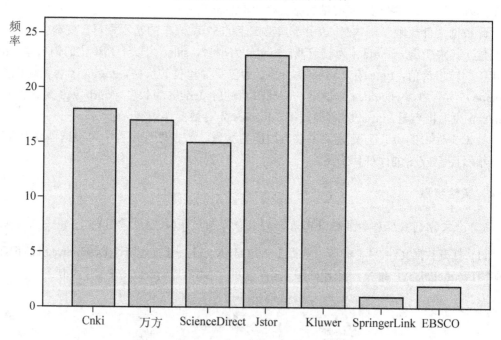

图4.3 数据库频数分布表与频数分布条形图

2. 工作量的频数分布饼形图

(1) 选择【图形(Graphs)】→【饼图(Pie)】命令,打开如图4.4所示的"饼图(Pie Charts)"对话框。在此对话框中选中"个案组摘要(Summaries for Groups of Cases)"单选按钮。

(2) 单击"定义(Define)"按钮,打开如图4.5所示的"定义饼图:个案组摘要(Define Pie:Summaries for Groups of Cases)"对话框。选择变量"本年度的教学工作量"进入"定义分区(Define Slices by)"列表框中;选中"分区的表征(Slices Represent)"选项区域中的"个案数的%(%of Cases)"单选按钮。

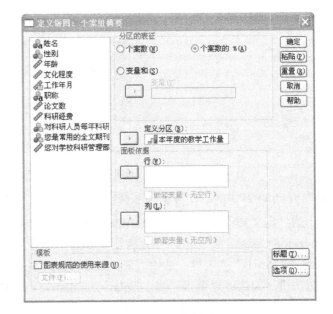

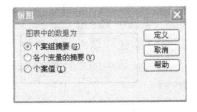

图 4.4 "饼图"对话框　　　　图 4.5 "定义饼图：个案组摘要"对话框

(3) 单击"确定(OK)"按钮，系统输出饼形图如图 4.6 所示。

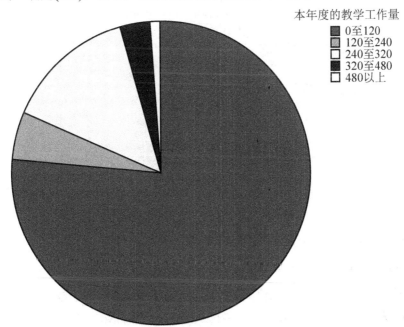

图 4.6 工作量频数分布饼形图

3. 工作量的频数分布帕累托图

(1) 选择【图形(Graphs)】→【帕累托图(Pareto)】命令，打开如图 4.7 所示的"帕累托图(Pareto Charts)"对话框。

图 4.7 "帕累托图"对话框

(2) 在此对话框中保持系统的默认选项,然后单击"定义(Define)"按钮,打开如图 4.8 所示的"定义简单排列图:个案组的计数或和(Define Simple Pareto:Counts or Sums for Groups of Cases)"对话框。在此对话框中选择变量"本年度的教学工作量"进入"类别轴(Category Axis)"列表框;选中"条的表征(Bars Represent)"选项区域中的"计数(Counts)"单选按钮;勾选"显示累积线(Display Cumulative Line)"复选框。

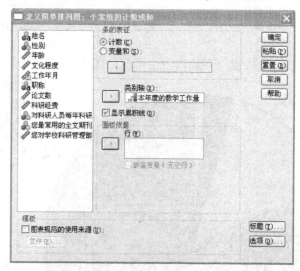

图 4.8 "定义简单排列图:个案组的计数或和"对话框

(3) 单击"确定(OK)"按钮,系统输出结果如图 4.9 所示。

4. HorsePower 的频数分布茎叶图

(1) 打开数据文件"4-2.sav",选择【分析(Analyze)】→【描述统计(Descriptive Statistics)】→【探索(Explore)】命令,打开如图 4.1 所示的"探索(Explore)"对话框。选择"马力[HorsePower]"进入"因变量列表(Dependent List)"列表框中;选中"显示(Display)"选项区域的"图(Plots)"单选按钮。

(2) 单击"图(Plots)"按钮,打开如图 4.10 所示的"探索:图(Explore:Plots)"对话框。在此对话框中勾选"描述性(Descriptive)"选项区域中的"茎叶图(Stem-and-Leaf)"复选框。

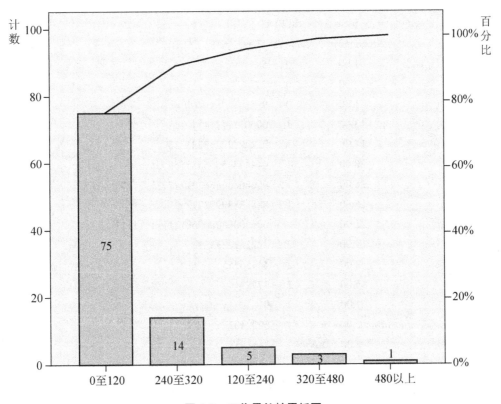

图 4.9　工作量的帕累托图

(3) 单击"继续(Continue)"按钮,返回"探索"对话框,单击"确定(OK)"按钮,系统输出结果如图 4.11 所示。

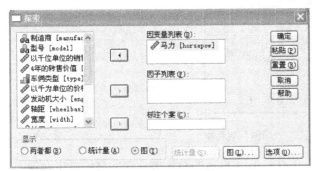

图 4.10　"探索"对话框

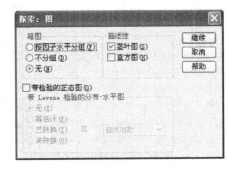

图 4.11　"探索：图"对话框

5. sales 的频数分布箱线图

(1) 选择【图形(Graphs)】→【箱图(Box plot)】命令,打开如图所示的"箱图(Box plot)"对话框。在此对话框中选择"简单箱图(Simple)",选中"图表中的数据为(Data in Chart Are)"选项区域中的"各个变量的摘要(Summaries of Separate Variables)"单选按钮。

```
马力 Stem-and-Leaf Plot

Frequency      Stem &    Leaf

   1.00          0  .   5
    .00          0  .
   1.00          0  .   9
  13.00          1  .   0000111111111
  17.00          1  .   22222222233333333
  20.00          1  .   44444445555555555555
  26.00          1  .   66666666667777777777777777
  16.00          1  .   8888888999999999
  26.00          2  .   00000000000000111111111111
  13.00          2  .   2222222233333
   8.00          2  .   44455555
   5.00          2  .   77777
   1.00          2  .   9
   7.00          3  .   0000001
   2.00 Extremes       (>=345)

Stem width:       100
Each leaf:        1 case(s)
```

图 4.12 horsepow 的频数分布茎叶图

图 4.13 "箱图"对话框

(2) 单击"定义(Define)"按钮,打开如图 4.14 所示的对话框。在此对话框中选择"以千为单位的销售量〔sales〕"进入"框的表征(Boxes Represent)"列表框中。

(3) 单击"确定(OK)"按钮,系统输出结果如图 4.15 所示。

6. 同时输出若干个变量的频数分布箱线图

(1) 选择【图形(Graphs)】→【箱图(Box plot)】命令,打开如图 4.16 所示的"箱图(Box plot)"对话框。在此对话框中选择"简单箱图(Simple)",选中"图表中的数据为(Data in Chart Are)"选项区域中的"各个变量的摘要(Summaries of Separate Variables)"单选按钮。

第4章 描述统计

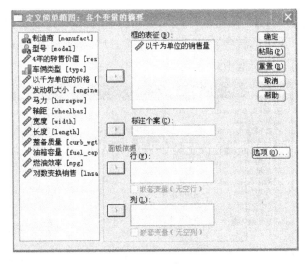

图 4.14 "定义简单箱图：各个变量的摘要"对话框

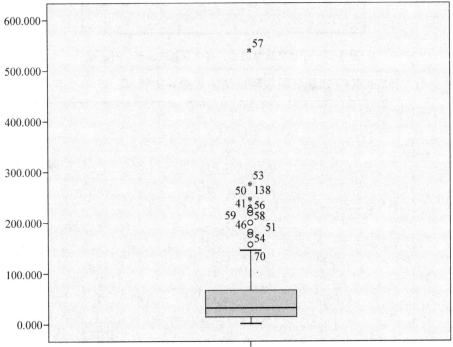

以千为单位的销售量

图 4.15 sales 的频数分布箱线图

图 4.16 "箱图"对话框

(2) 单击"定义(Define)"按钮,打开如图4.17所示的对话框。在此对话框中选择"燃油效率[mpg]"、"4年的转售价值[resale]"、"油箱容量[fuel_cap]"进入"框的表征(Boxes Represent)"列表框中。

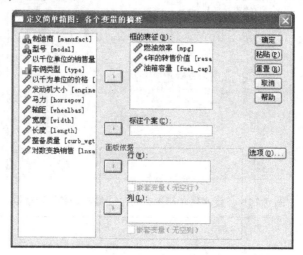

图4.17 "定义简单箱图:各个变量的摘要"对话框

(3) 单击"确定(OK)"按钮,系统输出结果如图4.18所示。

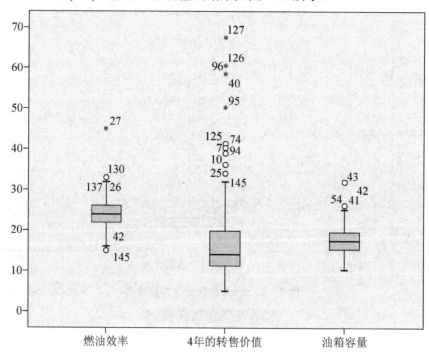

图4.18 mpg、resale、fuel_cap的频数分布箱线图

7. engine_s的频数分布直方图

(1) 选择【图形(Graphs)】→【直方图(Histogram)】命令,打开如图4.19所示的"直方图(Histogram)"对话框。在此对话框中选择变量"发动机大小[engine_s]"进入"变量

(Variable)"列表框中。

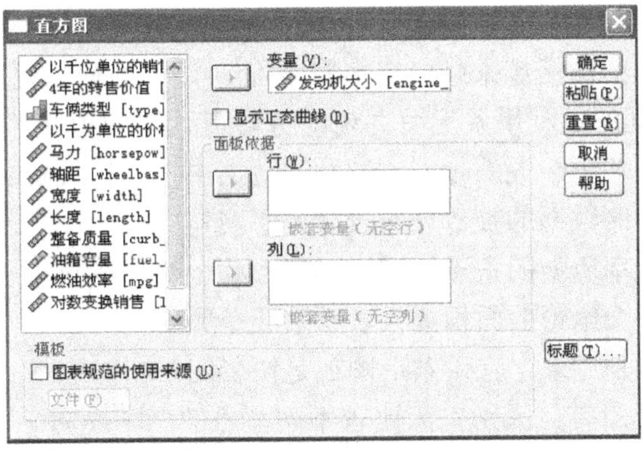

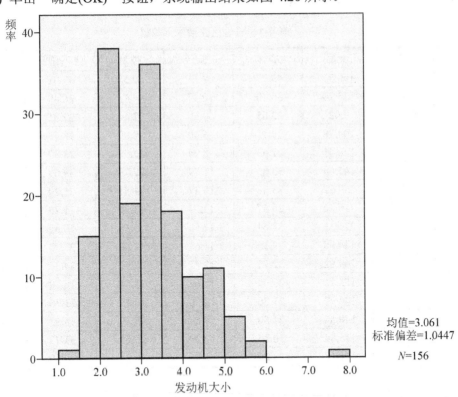

图 4.19 "直方图"对话框

(2) 单击"确定(OK)"按钮，系统输出结果如图 4.20 所示。

图 4.20 engine_s 的频数分布直方图

4.1.5 实验总结

基本统计往往从分析频数开始，统计图是一种最为直接的数据描述方式。能够熟练掌握品质型数据的频数分布条形图、饼形图、帕累托图以及数值型数据的频数分布直方图、茎叶图、箱线图。

4.1.6 思考与练习

(1) 现代社会人们的生活越来越丰富多彩，人们对婚姻的认识更加通透，不同的人对婚姻幸福感的认同是不同的，利用条形图直观说明有何不同(数据文件"4-1.练习.sav")。

(2) 生活的好坏依赖于个人的收入，试利用数据中个人收入做饼形图和帕累托图。

(3) 定类数据与定序数据的频数分布表有何不同？

(4) 取频数与取频率所做的条形图或饼形图形状上有何不同？

(5) 饼形图中的各个扇形的面积宜代表频数还是频率？

(6) 数据中如果类别过多，宜做条形图还是饼形图？

(7) 直方图与条形图有何区别？欲比较不同型号的汽车在同一个变量上的频数分布直方图，应当如何操作？

(8) 随着经济的不断发展，各地区的生活水平也发生了很大的变化，国家统计局收集各地区的数据，结果如表 4-1 所示(见数据文件"4-2.练习.sav")。

表 4-1 各地区生活水平数据

编号	地区	食品	衣着	燃料	住房	生活用品	文化消费
01	北京	190.33	43.77	9.73	60.54	49.01	9.04
02	天津	135.20	36.40	10.47	44.16	36.49	3.94
03	河北	95.21	22.83	9.30	22.44	22.81	2.80
04	山西	104.78	25.11	6.40	9.89	18.17	3.25
05	内蒙古	128.41	27.63	8.94	12.58	23.99	3.27
06	辽宁	145.68	32.83	17.79	27.29	39.09	3.47
07	吉林	159.37	33.38	18.37	11.81	25.29	5.22
08	黑龙江	116.22	29.57	13.24	13.76	21.75	6.04
09	上海	221.11	38.64	12.53	115.65	50.82	5.89
10	江苏	144.98	29.12	11.67	42.60	27.30	5.74
11	浙江	169.92	32.75	12.72	47.12	34.35	5.00
12	安徽	153.11	23.09	15.62	23.54	18.18	6.39
13	福建	144.92	21.26	16.96	19.52	21.75	6.73
14	江西	140.54	21.50	17.64	19.19	15.97	4.94
15	山东	115.84	30.26	12.20	33.61	33.77	3.85
16	河南	101.18	23.26	8.46	20.20	20.50	4.30

使用 SPSS 软件找出最具有代表性的茎叶图、箱线图和直方图。

4.2 统计量描述

4.2.1 实验目的

(1) 明确描述统计量的基本含义，熟悉描述性统计量的类型划分及作用，准确理解各种描述性统计量的构造原理。

(2) 熟练掌握计算描述型统计量的 SPSS 操作。
(3) 能够运用描述统计方法解决身边实际问题。

4.2.2 准备知识

1. 描述集中趋势的统计量

1) 众数

众数是样本数据中出现次数最多的观测值,用 M_0 表示。

2) 中位数

中位数是观测值按大小排序后,处于中间位置上的观测值,用 M_e 表示。其计算公式为

$$M_e = \begin{cases} X_{\frac{(n+1)}{2}} & (n\text{为奇数}) \\ \frac{1}{2}\left(X_{\frac{n}{2}} + X_{\frac{n}{2}+1}\right) & (n\text{为偶数}) \end{cases}$$

3) 均值

均值就是通常所说的算术平均数,用 $\bar{x}$ 表示。其计算公式为

$$\bar{x} = \frac{x_1 + x_2 + \cdots + x_i + \cdots + x_n}{n} = \frac{\sum_{i=1}^{n} x_i}{n}$$

4) 四分位数

通过三个点将全部观测值四等分,其中每部分包含 1/4 个观测值,处在分位点上的观测值称为四分位数。四分位数共有 3 个,但通常所说的四分位数是指第一个四分位数(下四分位数)和第三个四分位数(上四分位数)。下四分位用 Q_L 表示,上四分位数用 Q_U 表示。其计算公式为

$$Q_L = x_{\frac{(n+1)}{4}} \qquad Q_U = x_{\frac{3 \times (n+1)}{4}}$$

2. 描述离散趋势的统计量

1) 极差

极差也称全距,它是样本数据中最大观测值和最小观测值之差,用 R 表示。其计算公式为

$$R = x_{\max} - x_{\min}$$

2) 标准差

标准差是所有观测值与其均值离差平方均值的平方根,也称均方差,用 s 表示。其计算公式为

$$s = \sqrt{\frac{\sum_{i=1}^{n}(x_i - \bar{x})^2}{n-1}}$$

3) 方差

方差是所有观测值与其均值离差平方的均值,用 s^2 表示。其计算公式为

$$s^2 = \frac{\sum_{i=1}^{n}(x_i - \bar{x})^2}{n-1}$$

(4) 四分位差。四分位差是上四分位数和下四分位数之差，也称内距或四分间距，用 Q_d 表示。其计算公式为

$$Q_d = Q_U - Q_L$$

3. 描述分布形态的统计量

1) 偏度

数据分布的不对称性称为偏度，它是反映数据分布偏斜程度的统计量，用 α_3 表示。其计算公式为

$$a_3 = \frac{\sum_{i=1}^{n}(x_i - \bar{x})^3}{ns^3}$$

2) 峰度

峰度是指数据分布的平峰或尖峰程度，用 a_4 表示。其计算公式为

$$a_4 = \frac{\sum_{i=1}^{n}(x_i - \bar{x})^4}{ns^4}$$

4.2.3 实验内容

目前，私家小轿车成为许多人特别是年轻朋友的热爱，而选择一款轿车可以依据哪些特性、哪些指标呢？这里有一份产自美、日、欧3个不同原产地的300辆轿车的各项特性指标的数据。请运用统计量描述手段对此数据做一个分析(见数据文件"4-3.sav")。

此数据包含 MilesPerGallon(每加仑行程)、EngineDisplacement(发动机排量)、HorsePower(马力)、VehicleWeight(车重)、TimeToAccelerate(加速度时间)、ModelYear(生产年份)、AreaFromOrigin(原产国)7个变量的300个观测。

4.2.4 实验步骤

1. 300辆轿车整体上各指标的统计量描述

(1) 打开数据文件"4-3.sav"，选择【分析(Analyze)】→【描述统计(Descriptive Statistics)】→【描述(Descriptives)】命令，打开如图4.21所示的"描述(Descriptives)"对话框。在此对话框中选择"每加仑行程[Miles Per Gallon]"、"发动机排量[Engine Displacement]"、"马力[Horse Power]"、"车重[Vehicle Weight]"、"加速度时间[Time To Accelerate]"、"生产年份[Model Year]"进入"变量(Variables)"列表框中。

(2) 单击"选项(Options)"按钮，打开如图4.22所示的"描述：选项(Descriptives：Options)"对话框。在此对话框中勾选"均值(Mean)"、"标准差(Std.Deviation)"、"最小值(Minimum)"、"最大值(Maximum)"、"峰度(Kurtosis)"、"偏度(Skewness)"等复选框。

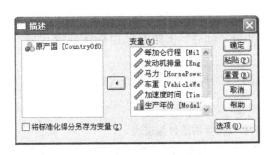

图 4.21 "描述"对话框

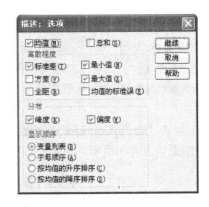

图 4.22 "描述：选择"对话框

(3) 单击"继续(Continue)"按钮，返回"描述"对话框，单击"确定(OK)"按钮，系统输出结果如表 4-2 所示。

表 4-2　300 辆轿车整体上各指标的统计量描述

	N	极小值	极大值	均值	标准差	偏度		峰度	
	统计量	统计量	统计量	统计量	统计量	统计量	标准误	统计量	标准误
每加仑行程	300	9	43	20.57	6.129	.647	.141	.033	.281
引擎装置	300	4	455	216.73	110.157	.314	.141	−1.186	.281
马力	300	46	230	112.86	40.300	.769	.141	−.014	.281
车重	300	732	5140	3138.03	889.645	.154	.141	−1.004	.281
加速度时间	300	8	24	15.12	2.779	.089	.141	.074	.281
上市时间	300	70	79	74.23	2.759	.024	.141	−1.197	.281
有效的 N(列表状态)	300								

2. 各原产地轿车的各项指标的统计量描述

(1) 选择【数据(Data)】→【拆分文件(Split File)】命令，打开如图 4.23 所示的"分割文件(Split File)"对话框。在此对话框中选中"比较组(Compare Groups)"单选按钮，并选择变量"原产国[Area From Origin]"进入"分组方式(Groups Based on)"列表框中。单击"确定(OK)"按钮，系统将自动按轿车的原产地把数据拆分为 3 组。

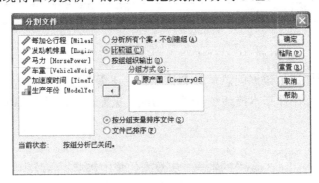

图 4.23 "分割文件"对话框

(2) 选择【分析(Analyze)】→【描述统计(Descriptive Statistics)】→【描述(Descriptives)】

命令，打开如图 4.21 所示的"描述(Descriptives)"对话框。在此对话框中选择"每加仑行程[Miles Per Gallon]"、"发动机排量[Engine Displacement]"、"马力[Horse Power]"、"车重[Vehicle Weight]"、"加速度时间[Time To Accelerate]"和"生产年份[Model Year]"进入"变量(Variables)"列表框中。单击"选项(Options)"按钮并选出描述性统计量的有关选项。

(3) 单击"继续(Continue)"按钮，返回"描述"对话框，单击"确定(OK)"按钮，系统输出结果如表 4-3 所示。

表 4-3 各原产地轿车的各项指标的统计量描述

原产国		N	极小值	极大值	均值	标准差	偏度		峰度	
		统计量	统计量	统计量	统计量	统计量	统计量	标准误	统计量	标准误
American	每加仑行程	203	10	36	18.05	4.684	.982	.171	1.119	.340
	发动机排量	203	85	455	270.55	93.195	-.201	.171	-.724	.340
	马力	203	52	230	126.88	40.090	.498	.171	-.501	.340
	车重	203	1800	5140	3535.03	765.388	-.232	.171	-.737	.340
	加速度时间	203	8	22	14.61	2.804	.137	.171	-.169	.340
	生产年份	203	70	79	74.21	2.845	.070	.171	-1.217	.340
	有效的 N(列表状态)	203								
European	每加仑行程	54	9	43	24.75	5.425	.222	.325	2.318	.639
	发动机排量	54	4	168	106.28	24.986	-.704	.325	5.032	.639
	马力	54	46	133	84.37	21.577	.161	.325	-.531	.639
	车重	54	732	3820	2379.89	520.892	.156	.325	1.332	.639
	加速度时间	54	9	24	16.15	2.752	.406	.325	.774	.639
	生产年份	54	70	78	73.96	2.584	-.033	.325	-1.154	.639
	有效的 N(列表状态)	54								
Japanese	每加仑行程	43	18	39	27.21	5.141	.145	.361	-.630	.709
	发动机排量	43	70	156	101.37	22.760	.714	.361	.017	.709
	马力	43	52	122	82.47	17.467	-.116	.361	-.820	.709
	车重	43	1613	2930	2215.88	321.298	.255	.361	-.414	.709
	加速度时间	43	14	21	16.24	1.927	.380	.361	-.613	.709
	生产年份	43	70	78	74.65	2.562	-.179	.361	-1.235	.709
	有效的 N(列表状态)	43								

4.2.5 实验总结

通过频数分析把握了数据的总体分布状况后，还需要对定距型数据的分布特征有更精确的认识，需要熟练计算基本描述统计量：均值、极差、标准差、偏度、峰度等。

4.2.6 思考与练习

(1) 利用数据文件"4-3.sav"的数据，从数据的集中趋势、离散程度和分布形状等角度，分析被调查车辆的"马力(HorsePower)"的基本特征，并与标准正态分布进行对比。

(2) SPSS 中还可以通过哪些途径计算有关的描述性统计量？

(3) 描述分布形态的统计量有哪些？各有什么含义？

(4) 标准差和方差的差别在哪？

(5) 试对正文数据文件进行图表描述，并结合实验中的输出结果评述 300 辆轿车各项指标的频数分布特征。

(6) 某医学实验室为了研究舒张压与胆固醇的关系，收集数据运用统计描述手段分析两者是否有显著影响，数据如表 4-4 所示(见数据文件"4-3.练习.sav")。

表 4-4 舒张压与胆固醇数据

病 号	组 别	舒张压	胆固醇
1	1	9.86	5.18
2	1	13.33	3.73
3	1	14.66	3.89
4	1	9.33	7.1
5	1	12.8	5.49
6	1	10.66	4.09
7	1	10.66	4.45
8	1	13.33	3.63
9	1	13.33	5.96
10	1	13.33	5.7
11	1	12	6.19
12	1	14.66	4.01
13	1	13.33	4.01
14	1	12.8	3.63
15	1	13.33	5.96
16	1	10.66	2.07
17	2	12.53	4.45
18	2	13.33	3.06
19	2	9.33	3.94
20	2	10.66	4.45
21	2	10.66	4.92
22	2	9.33	3.68
23	2	10.66	2.77
24	2	10.66	3.21
25	2	10.66	5.02
26	2	10.4	3.94
27	2	9.33	4.92
28	2	10.66	2.69
29	2	10.66	2.43
30	2	11.2	3.42
31	2	9.33	3.63

分别对舒张压和胆固醇这两个变量的分布特征进行统计量描述。

4.3 列联分析

4.3.1 实验目的

(1) 了解列联表的分布。
(2) 理解列联表中卡方检验的方法原理。
(3) 理解列联表各种相关性测量统计量的构造原理。
(4) 熟练掌握列联分析的 SPSS 操作。
(5) 利用列联分析解决实际经济问题。

4.3.2 准备知识

1. 列联分析的基本内容

列联表是由两个以上的变量进行交叉分类的频数分布表。列联分析是根据样本数据来推断总体中两个定类变量相互关系的一种统计方法。

列联分析有两项主要内容：列联表中的卡方检验和列联表中的相关性测量。这两项内容分别是从不同的途径来分析列联表中两个定类变量之间相关关系的。

2. 列联分析的基本步骤

1) 卡方检验的基本步骤

(1) 建立原假设。卡方检验的原假设是：行变量与列变量相互独立。
(2) 计算检验统计量的值。列联分析中卡方检验的统计量为

$$\chi^2 = \sum_{i=1}^{r} \sum_{j=1}^{c} \frac{\left(f_{ij} - f_{ij}^{e}\right)^2}{f_{ij}^{e}}$$

式中，f_{ij} 和 f_{ij}^{e} 分别表示实际观察频数和期望频数，r 和 c 分别代表行、列变量的取值个数，统计量综合了所有实际与期望的差异，因此，统计量的大小可以反映行、列变量独立性，统计量越大，说明实际与期望频数的差异越大，此时行、列变量独立性越弱，在统计上，统计量近似服从自由度为 $(r-1)(c-1)$ 的卡方分布。

(3) 做出统计决策。给定显著性水平 α，根据 P 值做决策，如果 $P < \alpha$，则认为在原假设下，统计量观察值发生的概率太小，小概率事件一般是不会发生的，现在发生了，说明原假设有问题，因此，拒绝原假设，认为变量间不独立；反之，则认为变量间独立。

2) 相关性测量的基本步骤

利用卡方分布对两个分类变量之间的相关性进行统计检测，如果变量相互独立，说明它们之间没有联系，反之，则认为它们之间存在联系。如果变量之间存在联系，它们之间的相关程度有多大？如何测量？可供选择的测量相关性的统计量主要有 3 个，这些统计量的适用范围有所不同，应根据列联表的结构特点加以选择。

(1) φ 相关系数。φ 相关系数是描述 2×2 列联表数据相关程度最常用的一种相关系数。它的计算公式为：

$$\varphi = \sqrt{\chi^2/n}$$

φ 系数适合 2×2 列联表，是因为对于 2×2 列联表中的数据，计算出的 φ 系数可以控制在 0～1 这个范围。

(2) 列联相关系数。列联相关系数简称 C 系数，主要用于大于 2×2 列联表的情况。其计算公式为

$$C = \sqrt{\frac{\chi^2}{\chi^2 + n}}$$

C 系数的特点是，其可能的最大值依赖于列联表的行数和列数，且随着行数和列数的增大而增大。

(3) V 相关系数。鉴于 φ 系数无上限，C 系数小于 1 的情况，克莱默(Gramer)提出了 V 相关系数。其计算公式为

$$V = \sqrt{\frac{\chi^2}{n \times \min[(R-1),(C-1)]}}$$

式中的 $\min[(R-1),(C-1)]$ 表示取 $(R-1),(C-1)$ 中较小的一个。当两个变量相互独立时，$V=0$；当两个变量完全相关时，$V=1$。所以 V 的取值在 0～1。

4.3.3 实验内容

本次实验使用的数据是某防疫站观察当地一个污水排放口在高温和低温季节中伤寒病菌检出情况，其中高温和低温季节各观察 12 次，数据有 24 个观察样本，有两个属性变量：degree 表示观察季节，1 为高温季节，2 为低温季节；test 表示伤寒病菌的检出情况，1 为检测，2 为没有检出。完整的数据文件见 "4-4.sav"。本次实验的内容是用列联表分析的方法研究两个季节污水的伤寒病检出率有无差别。

4.3.4 实验步骤

1. 交叉列联表分析的 SPSS 操作步骤

1) 打开交叉表对话框

(1) 打开数据文件 "4-4.sav"，选择【分析(Analyze)】→【描述统计(Descriptive Statistics)】→【交叉表(Crosstabs)】，打开如图 4.24 所示的 "交叉表" 对话框，在 "交叉表(Crosstabs)" 对话框中，将变量 "季节" 选入 "行" 变量列表框中，将变量 "检验结果" 选入 "列" 变量列表框中。

如果是二维列联表分析，只需选择行列变量即可。但如果进行三维以上的列联表，可以将其他变量作为控制变量选入 "层(Layer)" 变量列表框中。通过 "下一层(Next)" 按钮可依次移入多个层变量，单击左侧的 "上一层(Previous)" 按钮可选择前面已经选定的变量，如果不选择层变量，则对全部数据形成列联表。这里需要将全部数据输入列联表，因此不选择层变量。

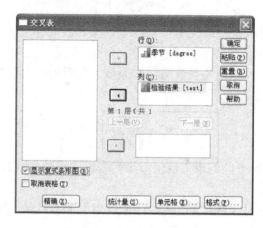

图 4.24 "交叉表"对话框

2) 选择列联表分析的相应参数设置

(1) 单击"精确(Exact)"按钮,打开"精确检验(Exact Tests)"对话框,如图 4.25 所示。该对话框提供了 3 种使用于不同条件的检验方式来检验行列变量的相关性,可选择以下 3 种检验方式之一。

① 仅渐近法(Asymptotic only):适用于具有渐近分布的大样本数据,SPSS 默认选择该项。

② Monte Carlo(蒙特卡罗法):此项为精确显著性水平值的无偏估计,无需数据具有渐近分布的假设,是一种非常有效的计算确切显著性水平的方法。在"置信水平(Confidence Level)"参数框内输入数据,可以确定置信区间的大小,一般为 90、95 或 99。在"样本数(Number of samples)"参数框中可以输入数据的样本容量。

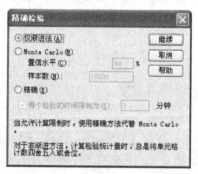

图 4.25 "精确检验"对话框

③ 精确(Exact):观察结果概率,同时在下面的"每个检验的时间限制为(Time limit per test)"参数框中选择进行精确检验的最大时间限度。

一般情况下,对"精确检验(Exact Tests)"对话框的选项都默认为系统默认值,不做调整。本实验选择系统默认值,单击"继续(Continue)"按钮,返回"交叉表"对话框。

(2) 单击"统计量(Statistics)"按钮,打开"交叉表:统计量(Crosstabs:Statistics)"对话框,如图 4.26 所示。

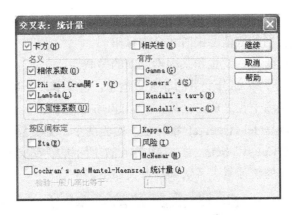

图 4.26 "交叉表:统计量"对话框

对话框中各选项的意义如下。

① 卡方(Chi-square):表示进行卡方检验,计算列联表卡方统计量的值并进行变量相关性检验,该检验用于判断行、列变量是否独立,一般进行变量独立性检验都会选择该项。

② 相关性(Correlations):表示计算行列变量的 Pearson 相关系数和 Spearman 相关系数。

名义(Nominal):列出名义尺度变量相关性的统计量,包括以下几个选项:

③ 相依系数(Contingency coefficient):Pearson 相关系数或 Spearman 相关系数。

④ Phi and Cramer's V:常用于名义变量之间的相关系数计算。

⑤ Lambda:在自变量预测中用于反映比例缩减误差,其值为 1 时表明自变量预测因变量好,为 0 时表明自变量预测因变量差。

⑥ 不定性系数(Uncertainty coefficient):以熵为标准的比例缩减误差,其值接近 1 时表明后一变量的信息很大程度来自前一变量,其值接近 0 时表明后一变量的信息与前一变量无关。

有序(Ordinal):包括以下 4 个有序变量的统计量。

⑦ Gamma:两有序变量之间的关联性的对称检验。其数值界于 0~1,所有观察实际数据集中于左上角和右下角时,取值为 1,表示两个变量之间有很强的相关,取值为 0 时,表示两个变量之间相互独立。

⑧ Somers'd:关于两个有序变量相关性的非对称度量,取值在-1~1,取值的绝对值越接近 1 表示两个变量的相关性越强,取值接近 0 表示相关性较弱。

⑨ Kendall's tau-b:关于有序变量(或秩变量)相关性的非参数统计量,计算时将结考虑在内,取值在-1~1,符号表示相关性的方向,绝对值越大表示相关性越强。

⑩ Kendall's tau-c:关于有序变量相关性的非参数统计量,计算时不考虑结的问题,取值在-1~1,符号表示相关性的方向,绝对值越大表示相关性越强。

按区间标定(Nominal by interval):当一个变量为分类变量(且必须是数值编码),另一个变量为连续变量时,勾选"Eta"复选框;Eta 的取值范围为 0~1,取值越接近 1 表示行、列变量的相关性越强。

⑪ Kappa:输出 Cohen's Kappa 统计量,用于衡量两种方法评价同一个对象时的一致

性，取值在 0~1，越接近于 1 表示两种方法的评价越一致；只有当表格的行、列变量有相同的取值个数，以及相同的取值范围时才会被输出。

⑫ 风险(Risk)：检验事件发生和某因素之间的关联性。

⑬ McNemar：关于两个二分变量的非参数检验，它用卡方分布检验响应的改变；经常用于检验对实验进行某项干预之前与之后，所引起响应的变化。

⑭ Cochran's and Mantel-Haenszel 统计量：检验两个二分变量独立性的统计量。

(3) 单击"单元格(Cells)"按钮，打开如图 4.27 所示的"交叉表：单元显示"对话框，选择要在输出表格显示的统计量。各选项的意义如下。

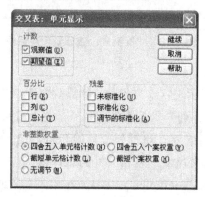

图 4.27 "交叉表:单元显示"对话框

"计数(Counts)"选项区域可选择列联表单元格中频数显示格式，有两个选项。

① 观察值(Observed)：系统默认选项，表示输出为实际观察值。

② 期望值(Expected)：表示输出为理论值。

"百分比(Percentages)"选项区域用于选择列联表单元格中百分比显示格式，各选项含义如下。

③ 行(Row)百分比：显示观察值数占该行观察值总数的百分比。

④ 列(Column)百分比：显示观察值数占该列观察值总数的百分比。

⑤ 总计(Total)百分比：显示观察值数占全部观察值总数的百分比。

"残差(Residuals)"选项区域用于选择列联表单元格中残差显示格式，各选项含义如下。

⑥ 未标准化(Unstandardized)：单元格中的观察值与预测值之差。

⑦ 标准化(Standardized)：均值为 0，标准差为 1 的 Pearson 残差。

⑧ 调整的标准化(Adjusted standardized)：观察值与预测值之差除以标准差的值。

"非整数权重(Noninteger Weights)"选项区域中设置的是非整数加权变量作为单元格计数以及参与计算的处理方式，有如下 5 种方式。

⑨ 四舍五入单元格计数(Round cell counts)：将单元格计数的非整数部分的尾数四舍五入为整数。

⑩ 截短单元格计数(Truncate cell counts)：将单元格计数的非整数部分的尾数舍去，直接化为整数。

⑪ 四舍五入个案权重(Round case Weights)：在加权前对个案权重重新进行四舍五入。

⑫ 截短个案权重(Truncate case Weights)：在加权前对个案权重重新进行舍位。

⑬ 无调节(No adjustments)：不对计数数据进行调整。

(4) 单击"格式(Format)"按钮，打开"交叉表：表格格式(Crosstabs:Table Format)"对话框，如图 4.28 所示。

图 4.28 "交叉表：表格格式"对话框

在上述对话框中，可以指定列联表的输出排列顺序，各选项的意义如下。

在"行序(Row Order)"选项区域有如下两个选项。

① 升序(Ascending)：系统默认，以升序显示各变量值。

② 降序(Descending)：以降序显示各变量值。

选择后，单击"继续(Continue)"按钮，返回"交叉表"对话框。

3) 设置输出选项，完成列联表分析

在"交叉表(Corsstabs)"对话框底端，有两个复选框。

① 显示复式条形图(Display clustered bar chart)：将对每个层变量分类中每一个行变量和列变量的组合输出一张分簇的条形图。此处勾选此复选框。

② 取消表格(Suppress table)：如果勾选的话就会在结果中不显示列联表。

2. 交叉列联表分析的结果

1) 摘要和交叉表输出

表 4-3 给出了数据处理的概况，从中可以看出，所用数据中没有缺失值，所有的样本都是有效的。

表 4-3 案例处理摘要

	案 例					
	有效的		缺失		合计	
	N	百分比	N	百分比	N	百分比
季节×检验结果	24	100.0%	0	.0%	24	100.0%

表 4-4 给出了列联表，从中可以看出，高温季节中伤寒病菌检出(阳性)数为 1；而低温季节伤寒病菌检出(阳性)数为 7，可以直观地看到低温季节伤寒病菌检出率更高。

表 4-4 季节×检验结果交叉制表

			检验结果		合计
			阳性	阴性	
季节	高温	计数	1	11	12
		期望的计数	4.0	8.0	12.0
	低温	计数	7	5	12

续表

		检验结果		合计
		阳性	阴性	
	期望的计数	4.0	8.0	12.0
合计	计数	8	16	24
	期望的计数	8.0	16.0	24.0

2) 卡方检验

表 4-5 给出了卡方检验的结果。从中可以看到各个统计量的值和显著性水平的 P 值，各种检验的双侧显著性水平的 P 值都在 0.05 以下，都是统计显著的，这说明高温和低温两组的伤寒病检出率有显著性差异。

表 4-5 卡方检验

	值	df	渐进 Sig.(双侧)	精确 Sig.(双侧)	精确 Sig.(单侧)
Pearson 卡方	6.750(b)	1	.009		
连续校正(a)	4.688	1	.030		
似然比	7.368	1	.007		
Fisher 的精确检验				.027	.014
线性和线性组合	6.469	1	.011		
有效案例中的 N	24				

a：仅对 2×2 表计算。
b：2 单元格(50.0%)的期望计数少于 5，最小期望计数为 4.00。

3) 其他检验

表 4-6 和表 4-7 分别给出了方向测度和对称性测度的计算结果，可以看到两个表的最后一列的显著性水平的 P 值，几乎所有的值都小于 0.05，因此可以认为高温季节的伤寒病检出率显著低于低温季节的伤寒病菌检出率。

表 4-6 方向度量

			值	渐进标准误差(a)	近似值 T(b)	近似值 Sig.
按标量标定	Lambda	对称的	.400	.234	1.429	.153
		季节因变量	.500	.167	2.353	.019
		检验结果因变量	.250	.375	.581	.561
	Goodman 和 Kruskal tau	季节因变量	.281	.165		.011(c)
		检验结果因变量	.281	.168		.011(c)
	不定性系数	对称的	.231	.148	1.534	.007(d)
		季节因变量	.221	.144	1.534	.007(d)
		检验结果因变量	.241	.153	1.534	.007(d)

a：不假定零假设。
b：使用渐进标准误差假定零假设。
c：基于卡方近似值。
d：似然比卡方概率。

表4-7 对称度量

		值	近似值 Sig.
按标量标定	ϕ	-.530	.009
	Cramer 的 V	.530	.009
	相依系数	.469	.009
有效案例中的 N		24	

a：不假定零假设。
b：使用渐进标准误差假定零假设。

4) 复式条形图

图 4.29 分别给出了高温和低温季节病菌检出率的条形图，从中可直观地看出低温季节的病菌检出率(阳性)比高温季节高。

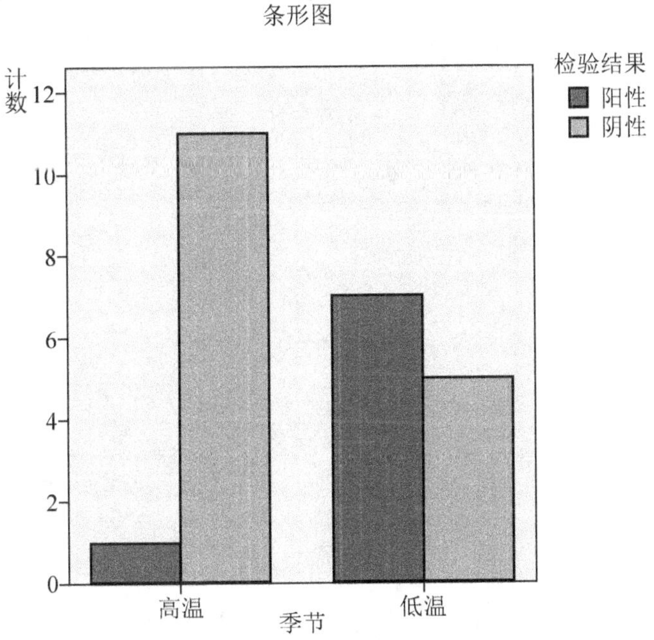

图 4.29 不同季节污水的伤寒菌检出情况条形图

4.3.5 实验总结

列联表分析主要用于处理名义尺度和顺序尺度变量，了解数据在两个变量(或多个变量)维度上的频数分布。还可以利用列联表分析的卡方检验来检验两个变量是否独立，应该理解卡方检验的思想，了解其检验步骤，掌握其 SPSS 操作和结果分析。

4.3.6 思考与练习

(1) 列联表分析的应用条件是什么？其中列联表卡方检验的作用是什么？其基本思想是什么？

(2) 要在列联表的单元格中同时列出观测频数、期望频数、行间比率、列间比率和总比率，应当如何操作？

(3) 如果某一单元格中的期望频数小于 5，应当如何处理？

(4) 在列联表中，如果将两个变量的行列位置互换，结果是否会影响卡方检验与相关性测量的结果？

(5) 用免疫酶法观察鼻咽癌患者、头颈部其他恶性肿瘤患者及正常人血清中的 EB 病毒壳抗原的免疫球蛋白 A(VCA-IgA)抗体的反应情况如表 4-8 所示。

表 4-8　免疫球蛋白 A 抗体的反应情况

分　组	阳性例数	阴性例数
鼻咽癌患者	188	16
头颈部其他恶性肿瘤患者	10	23
正常人	49	333

问三组人群的阳性率有无显著性差异。

第 5 章 均值比较分析

利用样本对总体的分布特征进行统计推断是统计学的基本任务之一,这种推断常常表现为对总体分布的未知参数进行估计。在所有数字特征中,均值是反映总体一般水平的最重要的特征。调查得来的样本,能否认为是来自某个确定均值的总体?这就需要比较样本均值与总体均值之间的差异,这类问题属于统计学中的假设检验问题,其实质仍然可以归结为均值比较问题。对于来自于两个或者多个总体的样本的均值的比较,研究各总体之间的差异,如两个教师分别教两个平行班级的同一课,比较这两个班级学习状况的差异;对纺织厂生产的同一种布匹,在几种不同的温度水平下进行缩水率试验,研究温度对布的缩水率的影响等都属于均值比较问题。SPSS 中提供的均值比较(Compare Means)过程就是专门处理这类问题的。这里主要介绍单样本 T 检验、独立样本 T 检验和配对样本 T 检验。

5.1 单样本 T 检验

5.1.1 实验目的

(1) 熟练掌握单样本 T 检验的方法原理。
(2) 熟练掌握单样本 T 检验的 SPSS 操作。
(3) 能够利用单样本 T 检验方法解决现实的经济问题。

5.1.2 准备知识

1. 假设检验的基本思想和一般步骤

假设检验是事先对总体参数或总体分布形式做出一个假设,然后在小概率原理的基础上,利用样本信息来判断这一假设是否合理,即判断样本统计量的具体数值与原假设是否有显著差异,从而决定拒绝或接受原假设。

假设检验的一般步骤如下。
(1) 提出原假设(H_0)和备择假设(H_1)。
(2) 选择检验用统计量,并确定其分布形式。
(3) 选择显著性水平 α,确定决策临界值。
(4) 根据检验统计量的具体数值,做出决策。

2. 单样本 T 检验的基本步骤

单样本 T 检验是利用来自某一个正态总体的样本数据,推断该总体的均值是否与指定的检验值之间存在显著差异。基本步骤如下:

(1) 提出原假设。由于是对总体均值的假设,因此原假设可以写为如下形式,即 $H_0: \mu = \mu_0$,其中 μ 代表总体均值,是未知的,而 μ_0 是对总体均值的假设,即待检验的值。

(2) 选择检验统计量并给出统计量的分布。假设总体服从正态分布,检验统计量是 t 统计量,其构成为

$$t = \frac{\bar{x} - \mu_0}{s/\sqrt{n}}$$

其中,s 被称为修正的样本标准差,其定义为

$$s = \sqrt{\frac{1}{n-1}\sum_{i=1}^{n}(x_i - \bar{x})^2}$$

在原假设为真的条件下,此统计量服从自由度为 $n-1$ 的 t 分布。

(3) SPSS 会根据样本观察值自动计算 t 统计量的观察值,并根据统计量的分布自动计算统计量观察值发生的概率(P 值)。

(4) 统计决策。根据 P 值和事先确定的显著性水平,做出假设检验的统计决策。

5.1.3 实验内容

一个生产高性能汽车的公司生产直径为 322mm 的圆盘制动闸。公司的质量控制部门随机抽取不同机器生产的制动闸进行检验。每台机器抽取 16 支产品。表 5-1 给出测量结果(见数据文件:5-1.sav)。

表 5-1 不同机器生产的圆盘制动闸直径测量数据

机器编号		机器 1	机器 2	机器 3	机器 4
圆盘制动闸直径		322.0003	322.0069	321.9863	321.9939
		322.0048	322.0306	321.9899	322.0030
		322.0215	322.0114	322.0016	322.0055
		321.9907	322.0289	321.9843	322.0028
		322.0109	322.0087	322.0174	321.9863
		321.9954	322.0257	321.9834	322.0017
		322.0059	322.0176	322.0024	321.9978
		321.9759	322.0070	322.0005	321.9914
		321.9981	322.0183	322.0039	321.9957
		321.9957	321.9864	322.0161	321.9989
		321.9841	322.0178	322.0017	321.9898
		321.9836	322.0182	322.0085	322.0023
		322.0037	322.0200	321.9902	321.9861
		322.0000	322.0122	321.9932	321.9910
		322.0030	322.0137	321.9912	321.9825
		322.0023	322.0048	322.0019	321.9982

利用单样本 t 检验方法检验每台机器生产的产品均值和 322 在 95%的置信水平下是否有显著差异。

5.1.4 实验步骤

1. 单样本 T 检验的 SPSS 操作步骤

根据实验内容，SPSS 单样本 T 检验的操作步骤如下。
1) 建立数据文件
数据文件包含两个变量，分别为"机器编号"和"制动闸直径"，"机器编号"为品质变量，"制动闸直径"为数量变量(见数据文件"5-1.sav")。
2) 拆分数据文件
由于要对不同机器生产的产品分别进行检验，所以必须先利用变量"机器编号"对数据文件进行拆分。

选择【数据(Data)】→【拆分文件(Split File)】命令，在打开的"分割文件(Split File)"对话框中，选中"比较组(Compare Groups)"单选按钮，将变量"机器编号"选入"分组方式(Groups Based on)"列表框中，单击"确定(OK)"按钮，执行拆分操作。

3) 选择检验

选择【分析(Analyze)】→【比较均值(Compare Means)】→【单样本 T 检验(One-Sample T Test)】命令，打开如图 5.1 所示的"单样本 T 检验"对话框，将待检验变量"制动闸直径"选入"检验变量"列表框，在"检验值"参数框中输入待检验值"322"。

4) 完成置信水平的设置

单击"选项(Options)"按钮，打开"单样本 T 检验：选项"对话框，如图 5.2 所示，在"置信区间"参数框中输入"95"(默认值为 95%)。在此对话框中还可以指定对缺失值的处理方式。单击"继续(Continue)"按钮返回"单样本 T 检验"对话框，单击"确定(OK)"按钮，完成选择。

图 5.1 "单样本 T 检验"对话框

图 5.2 "单样本 T 检验：选项"对话框

2. 单样本 T 检验的结果

单样本 T 检验的结果主要是以下两个表格。

1) T 检验的描述性统计量

表 5-2 主要列出一些样本统计量，如每个样本的均值、标准差和均值的标准误。

表 5-2 单个样本统计量

机器编号		N	均值	标准差	均值的标准误
1	制动闸直径	16	321.998494	.0111445	.0027861
2	制动闸直径	16	322.014263	.0106985	.0026746
3	制动闸直径	16	321.998281	.0104840	.0026210
4	制动闸直径	16	321.995431	.0069878	.0017469

2) 单样本 T 检验的检验结果

表 5-3 所示是单样本 T 检验最重要的结果表格，表中主要有以下几项重要结果：待检验值，即对总体均值的假设；T 统计量的样本观察值；T 统计量的自由度 $n-1$；双侧检验的 P 值；样本均值与待检验值的差；95%置信区间上下限与待检验值的差。

表 5-3 单个样本检验

机器编号		检验值=322					
		t	df	Sig.(双侧)	均值差值	差分的 95% 置信区间	
						下限	上限
1	制动闸直径	-.541	15	.597	-.0015063	-.007445	.004432
2	制动闸直径	5.333	15	.000	.0142625	.008562	.019963
3	制动闸直径	-.656	15	.522	-.0017187	-.007305	.003868
4	制动闸直径	-2.615	15	.019	-.0045688	-.008292	-.000845

通过表 5-3 可以得出以下结论：当置信水平为 95%时，机器 1 和机器 3 的双侧检验的 P 值分别为 0.597 和 0.522，均大于显著性水平 0.05，故不能拒绝原假设，可以认为机器 1 和机器 3 生产的产品均值与 322 没有显著差异；而机器 2 和机器 4 的双侧检验的 P 值均小于显著性水平 0.05，因此拒绝原假设，可认为该两台机器生产出来的产品均值与 322 有明显差异。

5.1.5 实验总结

单样本 T 检验最重要的是指定待检验的值和确定显著性水平，其 SPSS 操作比较简单，应重点掌握的是单样本 T 检验的基本思想以及统计结果输出的实际含义。

5.1.6 思考与练习

(1) 假设检验的基本步骤有哪些？所谓小概率事件原理是指什么？它在假设检验中是如何应用的？

(2) 假设检验的应用条件是什么？在 SPSS 中对这些条件如何验证？

(3) 既然样本均值与待检验总体均值之间存在差异,为什么不直接判断二者不相等,而是需要进行差异的显著性检验呢?

(4) 用某种新测量方法测得的某水域水样中的 $CaCO_3$ 含量的观察值,数据共有 11 个观测样本,分别代表了 11 次的重复测定,每一个观察值表示的是水样中 $CaCO_3$ 含量的观察值。数据如下:20.99、20.41、20.10、20.00、20.91、22.60、20.99、20.41、20.00、23.00、22.00(数据文件:5-1.练习.sav)。假设已知这个水域的 $CaCO_3$ 含量的真值为 20.7mg/L,用单样本 T 检验方法检验这种新的测量方法测得的数据均值是否偏高,从而评价这种新方法的准确性。

5.2 独立样本 T 检验

5.2.1 实验目的

(1) 熟练掌握两个独立样本 T 检验的方法原理。
(2) 熟练掌握两个独立样本 T 检验的 SPSS 操作。
(3) 利用两个独立样本 T 检验方法解决实际经济问题。

5.2.2 准备知识

1. 独立样本 T 检验的基本概念

所谓独立样本,是指两个取值相互独立的总体,分别从两个总体中独立地抽取样本,得到两个样本,称为独立样本。独立样本 T 检验是主要用于检验两个独立总体的均值是否存在显著性差异的一种统计推断方法。

2. 独立样本 T 检验的基本步骤

独立样本 T 检验的前提条件是两个总体的分布都是正态分布并且总体相互独立。检验的基本步骤如下。

(1) 提出原假设。两个独立样本 T 检验的原假设为两总体均值相等,即 $H_0:\mu_1=\mu_2$,其中 μ_1、μ_2 分别为第一个和第二个总体的均值,两总体的均值都是未知的。

(2) 选择检验统计量并给出统计量的分布。假设总体服从正态分布,按照两个总体的方差是否相等,检验 t 统计量有不同的构成。

① 当两个总体的方差未知但相等时,两个独立样本 T 检验的统计量为

$$t=\frac{(\overline{x_1}-\overline{x_2})-(\mu_1-\mu_2)}{s_p\sqrt{\left(\frac{1}{n_1}+\frac{1}{n_2}\right)}}$$

其中,

$$s_p^2=\frac{(n_1-1)s_1^2+(n_2-1)s_2^2}{n_1+n_2-2}$$

式中,n_1、n_2 分别代表两个独立样本的样本数,s_1^2、s_2^2 分别代表两个样本的方差。

在原假设为真的条件下，上述统计量服从自由度为 n_1+n_2-2 的 t 分布。

② 当两个总体方差未知且不相等时，构造的 T 检验统计量定义为

$$t = \frac{(\overline{x_1} - \overline{x_2}) - (\mu_1 - \mu_2)}{\sqrt{\frac{s_1^2}{n_1} + \frac{s_2^2}{n_2}}}$$

当原假设为真时，此统计量服从修正自由度的分布，其修正自由度为

$$df = \frac{\left(\frac{s_1^2}{n_1} + \frac{s_2^2}{n_2}\right)^2}{\frac{\left(\frac{s_1^2}{n_1}\right)^2}{n_1} + \frac{\left(\frac{s_2^2}{n_2}\right)^2}{n_2}}$$

在统计分析中，如果两个总体的方差相等，称为满足方差齐性。确定两个独立样本的方差齐性是构造和选择两独立样本 T 检验统计量的关键。SPSS 中利用 LeveneF 方差齐性检验方法检验两总体方差是否存在显著差异。

进行 LeveneF 方差齐性检验，首先提出原假设 $H_0: \sigma_1^2 = \sigma_2^2$；执行检验过程中，若 P 值小于给定的显著性水平，则拒绝原假设，认为两个总体的方差不等；否则，认为两个总体的方差无显著差异。

(3) SPSS 会根据样本观察值自动计算 t 统计量的观察值，并根据统计量的分布自动计算统计量观察值发生的概率 P 值。

(4) 根据 P 值和事先确定的显著性水平，做出统计决策。当检验统计量的概率 P 值小于显著性水平时，拒绝原假设，认为两个总体均值存在显著差异；反之，如果检验统计量的概率 P 值大于显著性水平，则接受原假设，认为两个总体均值无显著差异。

5.2.3 实验内容

某企业在关于促销方式对消费的影响力分析中，采取了两种促销方式：一种是利用派发传单、媒体广告等标准促销方式；另一种是利用赠送试用品、通过举办大型活动等新型促销方式。通过调查，收集了两种方式的客户消费金额数据(见数据文件"5-2.sav")，请分析两种促销方式的消费金额是否有显著差异。

5.2.4 实验步骤

1. 独立样本 T 检验的 SPSS 操作步骤

根据实验内容，SPSS 独立样本 T 检验的操作步骤如下。

1) 打开"独立样本 T 检验"对话框

(1) 选择【分析(Analyze)】→【比较均值(Compare Means)】→【独立样本 T 检验(Independent-Samples T Test)】命令，打开如图 5.3 所示的"独立样本 T 检验"对话框。

在对话框中，将待检验的变量"促销期间的花费"选入"检验变量"列表框，在该列表框中可以同时进行两个总体多个特征的比较，如可以比较促销期间花费的均值，如果有

客户收入,还可以比较总体间收入的差异,在此处只比较促销期间花费的均值,因此只将一个变量选入"检验变量"列表框。

2) 选择分组变量和分割点

将分组变量"受到的促销类型"选入"分组变量"列表框,单击"定义组(Define Groups)"按钮,打开"定义组"对话框,如图 5.4 所示,这里有两种供选择的方式设置总体分组。

① 使用指定值。利用两个总体在分组变量上的特定取值来分组,即在分组变量上,一个总体取值全为 1,另一个总体取值全为 0(或 2),用这两个特定取值来区分不同总体,这种分组方式用于分组变量只取两个值的情形。

② 割点。利用一个分界值将总体分开,指出一个分组分界值 k,k 把数据分为两部分,大于等于该值的数据为一组,小于此值的为另一组。这种分组方式适用于分组变量取值较多,又比较容易确定一个分组分界值的情形。

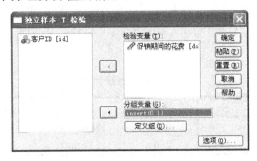

图 5.3 "独立样本 T 检验"对话框

图 5.4 "定义组"对话框

实验内容中分组变量"受到的促销类型"只区分 0 和 1 两个值,因此选择第一种分组方式,在"组 1(Group1)"和"组 2(Group2)"文本框中分别输入"0"和"1",单击"继续(Continue)"按钮返回图 5.3 所示对话框。

3) 设置置信区间

单击"选项(Options)"按钮,打开"独立样本 T 检验:选项(Independent- Samples T Test: Options)"对话框,在该对话框中可以设置置信区间和缺失值,如图 5.5 所示。

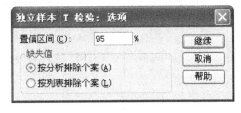

图 5.5 设置置信区间

在"置信区间(Confidence Interval)"参数框中输入"95"(置信水平默认为95%),也可以输入1~99之间的任一数值。通过"缺失值(Missing Values)"选项组指定缺失值处理方式,有两个单选按钮。完成设置后单击"继续(Continue)"按钮返回图5.3所示对话框。

4) 执行操作

单击"确定(OK)"按钮,即完成独立样本T检验的SPSS操作。

2. 独立样本T检验的结果

1) 独立样本T检验的基本描述统计量

表5-4是实验内容的独立样本T检验的基本描述统计量,包括两个样本的均值、标准差和均值的标准误差。从中可见,标准促销的平均花费为是1566.38元,标准差是346.67元,均值的标准误差是21.93元;采用新促销方式的平均花费为是1637.50元,标准差是356.70元,均值的标准误差是22.56元。根据上述数据,两个总体的平均花费差异不大,标准差也接近,应该是同方差的两个总体,但均值标准误差很小,估计检验结果是显著的。

表 5-4 组统计量

	受到的促销类型	N	均值	标准差	均值的标准误
促销期间的花费	标准	250	1566.3890	346.67305	21.92553
	新促销	250	1637.5000	356.70317	22.55989

2) 独立样本T检验的检验结果

表5-5所示是独立样本T检验的均值检验结果。在本例中,方差齐性检验结果的F值1.19,对应的P值(Sig.)为0.276,大于0.05,不能拒绝原假设,可以认为两个总体的方差无显著性差异,即通过了Levene F方差齐性检验。

表 5-5 独立样本检验

		方差方程的Levene检验		均值方程的T检验						
		F	Sig.	t	df	Sig.(双侧)	均值差值	标准误差值	差分的95%置信区间	
									下限	上限
促销期间的花费	假设方差相等	1.190	.276	-2.260	498	.024	-71.11095	31.45914	-132.91995	-9.30196
	假设方差不相等			-2.260	497.595	.024	-71.11095	31.45914	-132.92007	-9.30183

由于两个总体的方差无显著差异,所以 T 检验结果应在方差相等的情况下做出,故推断结果应从"假设方差相等"行中得到,该行中的 P 值为 0.024,如果显著性水平为 0.05,则应该拒绝原假设,因此认为两种促销方式在促销期间的消费是不同的。另外,从均值差的 95%置信区间为(-132.92,-9.30196),区间上下限同号,说明均值之差的 95%置信区间并没有包括 0,也可以说明两独立总体均值的差显著不为 0,从另一个角度证明了结论。

5.2.5 实验总结

独立样本 T 检验的关键是对两个总体进行分割,比较两个总体的方差是否相等,按照方差的情况采用对应的统计量,然后根据 SPSS 计算出的统计量观察值和相应的概率 P 值,进行统计决策。

5.2.6 思考与练习

(1) 独立样本 T 检验过程中如何进行两个独立样本的方差齐性检验?
(2) 如何选择分组变量和分割点?
(3) 在体育课上记录 14 名学生乒乓球得分的记录,男女各 7 名,数据如下。
   男:82.00 80.00 85.00 85.00 78.00 87.00 82.00
   女:75.00 76.00 80.00 77.00 80.00 77.00 73.00

比较在置信度为 95%的情况下男女生得分是否有显著差别(见数据文件"5-2.练习.sav")。

5.3 配对样本 T 检验

5.3.1 实验目的

(1) 熟练掌握配对样本 T 检验的方法原理。
(2) 熟练掌握配对样本 T 检验的 SPSS 操作。
(3) 利用配对样本 T 检验方法解决实际经济问题。

5.3.2 准备知识

1. 配对样本 T 检验的基本方法

配对样本 T 检验是利用来自两个正态总体的配对样本数据,推断两个总体的均值是否存在显著性差异。配对的概念指的是两个样本的各样本值之间存在着对应关系。它与独立样本 T 检验的区别在于:第一,独立样本 T 检验是针对两个独立的不同总体,两个总体没有关系,配对样本 T 检验是针对两个关联的总体;第二,两者对抽样的要求不同,独立样本 T 检验的两个总体的样本数量可以不同,而配对样本 T 检验的两个样本的观察值先后顺序要一一对应,不能随意更改,而且样本数量必须一致。

2. 配对样本检验的基本步骤

(1) 提出原假设。配对样本检验的原假设为两总体均值无显著性差异,即 H_0:

$\mu_1 - \mu_2 = 0$，其中 μ_1、μ_2 代表配对总体的均值，都是未知的。

(2) 选择检验统计量并给出统计量分布。设 $(x_1, y_1),(x_2, y_2),\cdots(x_n, y_n)$ 为配对样本，差值 $d_i = x_i - y_i$，$i = 1, 2,\cdots, n$。$\bar{d}$ 为配对样本数据差值的平均值，即

$$\bar{d} = \frac{\sum_{i=1}^{n} d_i}{n}$$

假设总体服从正态分布，配对检验使用 t 统计量，其构成为

$$t = \frac{\bar{d} - (\mu_1 - \mu_2)}{s_d / \sqrt{n}}$$

其中，$s_d^2 = \dfrac{\sum_{i=1}^{n}(d_i - \bar{d})^2}{n-1}$。

在原假设为真的条件下，此统计量服从自由度为 $n-1$ 的 t 分布。

(3) SPSS 会根据样本观察值自动计算 t 统计量的观察值，并根据统计量的分布自动计算统计量观察值发生的概率 P 值。

(4) 根据 P 值和事先确定的显著性水平，做出统计决策。当检验统计量的概率 P 值小于显著性水平时，拒绝原假设，认为两个总体均值存在显著差异；反之，如果检验统计量的概率 P 值大于显著性水平，则接受原假设，认为两个总体均值无显著差异。

5.3.3 实验内容

本次实验所用的数据是 10 例矽肺病患者经克矽平治疗前后血液中的血红蛋白量 (g/dL)，数据中有 10 个样本观察值，代表了 10 个接受治疗的患者，有两个变量 x1 和 x2，分别代表的是患者治疗前后的血红蛋白量，表 5-6 给出了该数据(见数据文件 "5-3.sav")。本实验的内容是使用配对样本 T 检验判断这种治疗对患者的血红蛋白有没有显著影响。

表 5-6 治疗前后 10 位患者血液中的血红蛋白量　　　　　　　　　　　　　　　单位：g/dL

治疗前(x1)	11.3	15.0	15.0	13.5	12.8	10.0	11.0	12.0	13.0	12.3
治疗后(x2)	14.0	13.8	14.0	13.5	13.5	12.0	14.7	11.4	13.8	12.0

5.3.4 实验步骤

1. 配对样本 T 检验的 SPSS 操作步骤

1) 选择对话框和检验变量

选择【分析(Analyze)】→【比较均值(Compare Means)】→【配对样本 T 检验(Paired-Samples T Test)】命令，打开 "配对样本 T 检验(Paired-Samples T Test)" 对话框，如图 5.6 所示。

在左侧的列表框中选择配对的第一个变量 "治疗前(x1)" 和第二个变量 "治疗后(x2)"，单击右向箭头按钮，将其选入 "成对变量(Paired Variables)" 列表框中，可以选择多对检验样本。

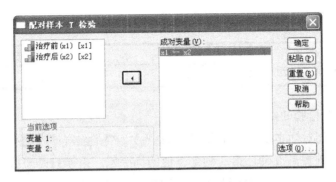

图 5.6 "配对样本 T 检验"对话框

2) 设置置信水平和缺失值

单击"选项(Options)"按钮,打开"配对样本 T 检验:选项(Paired-Samples T Test: Options)"对话框,如图 5.7 所示。

图 5.7 设置置信水平和缺失值

该对话框用于指定置信水平和缺失值的处理方法,与"单样本 T 检验:选项"子对话框完全相同。设置置信区间为 95%,单击"继续"按钮返回图 5.6 所示对话框。

3) 执行操作

单击"确定(OK)"按钮即完成配对样本 T 检验的 SPSS 操作。

2. 配对样本 T 检验的结果

1) 配对样本 T 检验的基本描述统计量

表 5-7 给出了几个基本的配对样本的描述性统计量,包括治疗前后的均值、标准差和均值标准误差。从这里可以看出治疗前后的患者血红蛋白的均值差别不大(分别为 12.59 和 13.27)。

表 5-7 成对样本统计量

		均值	N	标准差	均值的标准误
对 1	治疗前(x1)	12.590	10	1.6326	.5163
	治疗后(x2)	13.270	10	1.0802	.3416

2) 配对样本 T 检验的简单相关系数及其检验

表 5-8 所示是配对样本 T 检验的简单相关关系及其检验结果。相关系数的值为 0.319,P 值为 0.37,大于显著性水平 0.05,因此不拒绝原假设,说明两组样本值之间的相关性不强,这也从一个侧面说明治疗前后样本值之间没有很明显的差异。

表 5-8 成对样本相关系数

		N	相关系数	Sig.
对 1	治疗前(x1) & 治疗后(x2)	10	.319	.370

3) 配对样本 T 检验的结果

表 5-9 所示是配对样本 T 检验的结果。表中第 2 列是配对样本的平均差值，治疗后的血红蛋白量比治疗前提高 0.68，第 3 列是差值的标准差，第 4 列是差值的均值的标准误，第 5 列和第 6 列分别是在置信度 95%时差值的置信下限和置信上限，共同构成了该差值的置信区间，本例中差值置信区间为(-1.8573,0.4973)，0 包括在置信区间内，说明治疗前后差异不显著。

表 5-9 成对样本检验

		成对差分					t	df	Sig.(双侧)
		均值	标准差	均值的标准误	差分的 95%置信区间				
					下限	上限			
对 1	治疗前(x1)-治疗后(x2)	-.6800	1.6457	.5204	-1.8573	.4973	-1.307	9	.224

从表 5-9 中可见，t 统计量的值为-1.307，P 值为 0.224，远大于 0.05，因此不能拒绝原假设，说明用克矽平治疗矽肺病患者对血红蛋白没有显著的作用。

5.3.5 实验总结

配对样本 T 检验和独立样本 T 检验并不相同，前者针对两个关联的总体，通常是同一总体在不同时间的表现，且样本数量一致，后者是针对两个独立的总体，两个总体没有关系且样本数量可以不同。配对样本 T 检验的关键是对两个总体的样本进行配对，然后根据 SPSS 计算出的统计量的值及概率 P 值进行统计决策。

5.3.6 思考与练习

(1) 两独立样本 T 检验和两配对样本 T 检验的基本思想和检验方法有什么不同，SPSS 数据格式的不同又表现在哪些方面？

(2) 输出结果中的"成对样本相关系数(Paired Samples Correlations)"表中的内容说明了什么问题？

(3) 如果本实验采用独立样本 T 检验过程来实现，会得到什么结果？请比较两者之间的差异。

(4) 某医疗机构针对具有家族心脏病史的病人研发了一种新药。为了检验这种新药的疗效是否显著，对 16 位病人进行为期半年的观察测试，测试指标为使用该药之前和之后的体重以及甘油三酯的水平的变化。数据如表 5-10 所示(见数据文件"5-3.练习.sav")。

表 5-10　服药前后的甘油三酯水平和体重数据

	服药前后的甘油三酯水平和体重数据							
服药前甘油三酯水平	180.00	139.00	152.00	112.00	156.00	167.00	138.00	160.00
	107.00	156.00	94.00	107.00	145.00	186.00	112.00	104.00
服药后甘油三酯水平	100.00	92.00	118.00	82.00	97.00	171.00	132.00	123.00
	174.00	92.00	121.00	150.00	159.00	101.00	148.00	130.00
服药前体重/kg	198.00	237.00	233.00	179.00	219.00	169.00	222.00	167.00
	199.00	233.00	179.00	158.00	157.00	216.00	257.00	151.00
服药后体重/kg	192.00	225.00	226.00	172.00	214.00	161.00	210.00	161.00
	193.00	226.00	173.00	154.00	143.00	206.00	249.00	140.00

可以认为：甘油三酯水平和体重都近似服从正态分布，数据是成对出现的。试用配对样本 T 检验过程检验服药前后甘油三酯水平和服药前后体重之间的差异。

第 6 章 方差分析

方差分析从观测变量的方差分解入手，研究许多控制变量中哪些变量是对观测变量有显著影响的变量；对观测变量有显著影响的各个控制变量，其不同水平以及各水平的交互搭配是如何影响观测变量的。依据控制变量的个数可以将方差分析分成单因素方差分析和多因素方差分析。

单因素方差分析用于研究一个控制变量的不同水平是否对观测变量产生了显著影响。由于仅研究单个因素对观测变量的影响，因此称为单因素方差分析。多因素方差分析用于研究两个及两个以上控制变量是否对观测变量产生显著影响。由于研究多个因素对观测变量的影响，因此称为多因素方差分析。多因素方差分析不仅能够分析多个因素对观测变量的独立影响，更能够分析多个控制因素的交互作用能否对观测变量的分布产生显著影响，进而最终找到利于观测变量的最优组合。

6.1 单因素方差分析

6.1.1 实验目的

(1) 明确方差分析所解决的问题，掌握单因素方差分析的基本理论和基本步骤。

(2) 熟练掌握单因素方差分析的 SPSS 操作，并能够解释分析结果的统计意义和实际含义。

(3) 能够利用单因素方差分析工具解决身边的实际问题。

6.1.2 准备知识

1. 单因素方差分析的基本概念

方差分析是检验两个或两个以上的样本均值之间的差异是否具有统计学意义的一种方法，目的是推断两个或两个以上的总体均值是否相同。它所研究的是分类型自变量对数值型因变量的影响。当只涉及一个分类型自变量时，该分析称为单因素方差分析；涉及两个或两个以上的分类型自变量时，则称为多因素方差分析。

2. 单因素方差分析的理论假设

(1) 各处理下的样本是随机的。

(2) 各处理下的样本是相互独立的。
(3) 各处理下的样本分别来自服从正态分布的总体。
(4) 各处理下的样本所属总体的方差相等。

3. 单因素方差分析的基本思路

不同处理下的样本均值之间的误差(SST)有如下两个来源。
(1) 组内误差(SSE)。组内误差由样本的随机性造成。
(2) 组间误差(SSA)。组间误差由不同处理下对应的总体均值水平高低不同造成。

SSE、SSA 各自除以其自由度，得组内均方(MSE)和组间均方(MSA)：

$$MSE = \frac{SSE}{n-r} \quad MSA = \frac{SSA}{r-1}$$

两者之间的比值服从 F 分布，分子自由度$(r-1)$，分母自由度$(n-r)$，

$$F = \frac{MSA}{MSE}$$

F 统计量的值偏大是总体均值存在明显差距的证据。

4. 方差分析的基本步骤

(1) 建立假设，$H_0: u_1 = u_2 = \cdots = u_r = u$，$H_1: u_1, u_2, \cdots, u_r$ 不都相等。
(2) 计算样本均值：

$$\overline{\overline{x}} = \frac{\sum_{j=1}^{r}\sum_{i=1}^{n_j} x_{ij}}{n_T}$$

(3) 计算总体样本均值：

$$\overline{x_j} = \frac{\sum_{i=1}^{n_j} x_{ij}}{n_j}$$

(4) 计算样本方差：

$$s_j^2 = \frac{\left(\sum_{i=1}^{n_j} x_{ij} - \overline{x_j}\right)}{n_j - 1}$$

(5) 计算总体方差的组间估计：

$$MSA = \frac{SSA}{r-1} = \frac{\sum_{j=1}^{r} n_j \left(\overline{x_j} - \overline{\overline{x}}\right)^2}{r-1}$$

(6) 计算总体方差的组内估计：

$$MSE = \frac{SSE}{n_T - r} = \frac{\sum_{j=1}^{r} (n_j - 1) s_j^2}{n_T - r}$$

(7) 给定显著性水平 α。
(8) 计算 F 统计量的值：

$$F = \frac{MSA}{MSE}$$

(9) 编制方差分析表。方差分析表的一般格式如表 6-1 所示。

表 6-1 方差分析

方差来源	SS 离差平方和	df 自由度	MS 均方差	F 值检验统计量
组间	SSA	r−1	$MSA = \dfrac{SSA}{r-1}$	$\dfrac{MSA}{MSE}$
组内	SSE	n−r	$MSE = \dfrac{SSE}{n-r}$	
总差异	SST	n−1		

5. 做出统计决策

如果经上述步骤推断总体均值之间存在显著差异，接下来的问题就是确定自变量的不同水平对因变量的影响程度如何，其中哪些水平的作用明显区别于其他水平，哪些水平的作用不显著，这就要用到多重比较的分析方法。

多重比较是利用样本数据，对各个水平的总体均值逐一进行两两之间的比较检验。由于所采用的检验统计量不同，多重比较有许多具体的方法，最常用的是最小显著性差异法（LSD 法），检验的统计量是一个 t 统计量。

6.1.3 实验内容

某高校研究小组对护士每小时薪水的影响因素进行了调查研究，他们分别从护士类型、年龄范围、工作经验这 3 个方面进行了探究，经过几个月的深入调查探究，获得了第一手的数据做资料。

该数据资料包括护士类型、年龄范围、工作经验 3 个变量的 3000 个观测，其中护士类型为定类变量，年龄范围和工作经验为定序变量。护士类型取值为：0=医院、1=办公室。年龄范围取值为：0=16～30、1=31～45、2=46～65。工作经验取值为：0=小于等于 5、2=6～10、3=11～15、4=16～20、5=21～35、6=大于等于 36。具体内容参见数据文件"6-1.sav"。

得到这些实验数据后，该研究小组想确认以上 3 个因素对护士的每小时薪水是否有显著性影响，如果有显著性影响，又是哪些因素之间的每小时薪水具有显著性差异。

6.1.4 实验步骤

1. 单因素方差分析

(1) 打开数据集"6-1.sav"，选择【分析(Analyze)】→【比较均值(Compare Means)】→【单因素 ANOVA(One-Way ANOVA)】命令，打开如图 6.1 所示的"单因素 ANOVA(One-Way ANOVA)"对话框。在此对话框中，选择每小时薪水到"因变量列表(Dependent List)"框中；选择"年龄范围"至"因子(Factor)"列表框中。

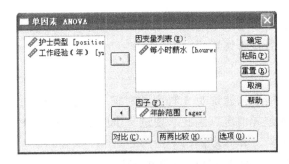

图 6.1 "单因素 ANOVA"对话框

(2) 单击"选项(Options)"按钮,打开如图 6.2 所示的"单因素 ANOVA:选项(One-Way ANOVA: Options)"对话框,在此对话框中选择"方差同质性检验(Homogeneity of Variance Test)"复选框。

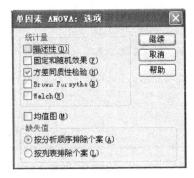

图 6.2 "单因素 ANOVA:选项"对话框

(3) 单击"继续(Continue)"按钮,返回"单因素 ANOVA"对话框,单击"确定(OK)"按钮,系统输出单因素方差分析的结果如表 6-2 和表 6-3 所示。

表 6-2 方差齐性检验

因变量:每小时薪水

Levene 统计量	df1	df2	显著性
.593	2	2908	.553

表 6-3 ANOVA

因变量:每小时薪水

	平方和	df	均方	F	显著性
组间	1017.690	2	508.845	32.440	.000
组内	45614.257	2908	15.686		
总数	46631.948	2910			

(4) 分析输出结果。方差齐次性检验中,Leven 统计量的值为 0.593,P 的值为 0.553。可以在 0.05 的显著性水平下认为样本所来自的总体满足方差齐性的要求。

单因素方差分析表的 F 值为 32.40，对应的 P 明显小于 0.05，可以认为不同的年龄范围对护士每小时薪水有着显著性影响。

2. 进行多重比较

单因素方差分析的结果只能说明 3 种因素对护士每小时薪水的影响是有差异的，但不能给出各种因素之间的差异情况。因此，要进一步确定到底哪几种因素之间存在差异。这就需要进行多重比较检验。具体步骤如下。

(1) 在"单因素 ANOVA(One-Way ANOVA)"对话框中单击"两两比较(Post Hoc)"按钮，打开如图 6.3 所示的"单因素 ANOVA：两两比较(One-Way ANOVA Post Hoc Multiple Comparisons)"对话框。在此对话框中勾选"LSD"复选框。

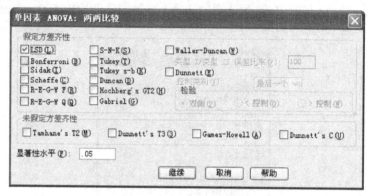

图 6.3 "单因素 ANOVA：两两比较"对话框

(2) 单击"继续(Continue)"按钮，返回"单因素 ANOVA"对话框，单击"确定(OK)"按钮，系统输出多重比较检验的结果如表 6-4 所示。

表 6-4 多重比较

因变量：每小时薪酬

LSD

(I)年龄范围	(J)年龄范围	均值差(I-J)	标准误	显著性	95%置信区间	
					下限	上限
18～30	31～45	−1.032(*)	.208	.000	−1.44	−.62
	46～65	−1.818(*)	.227	.000	−2.26	−1.37
31～45	18～30	1.032(*)	.208	.000	.62	1.44
	46～65	−.786(*)	.168	.000	−1.11	−.46
46～65	18～30	1.818(*)	.227	.000	1.37	2.26
	31～45	.786(*)	.168	.000	.46	1.11

* 均值差的显著性水平为 .05。

3. 做出统计决策

输出结果中两两给出了均值差及其对应的 P 值，在给定的显著性水平下，可得出多重比较的结论。

6.1.5 实验总结

明确方差分析所解决的问题,掌握单因素方差分析的思路。明确单因素方差分析中多重比较检验的作用,能够结合方法原理读懂分析结果、解释结果的统计意义和实际含义。

6.1.6 思考与练习

(1) 尝试采用 Bonferroni 方法和 Sidak 方法进行多重比较检验,并对结果进行解释和分析。

(2) 计算护士 3 组"年龄范围"的每小时薪水的均值,以及均值的置信区间。

(3) 试运用单因素方差分析方法分析护士类型和工作经验分别对每小时薪水的影响情况。

(4) 如何分析护士类型和工作经验两个因素同时对每小时薪水的影响情况。

(5) 俗话说幸福不由收入决定,但是学者发现收入的多少与受教育水平的高低存在着一定的联系,如果有联系,又是哪些因素之间的收入具有显著性差异?数据如表(见数据文件"6.1.练习.sav")所示。

(6) 运用所给的数据文件(数据文件"6.1.练习.sav")研究工作年限与工作满意程度的单因素方差分析。

6.2 多因素方差分析

6.2.1 实验目的

(1) 掌握多因素方差分析的基本思想和原理。

(2) 熟练掌握多因素方差分析的 SPSS 操作,并能够解释输出结果的统计意义及实际含义。

(3) 能够将多因素方差分析方法应用于解决身边的实际问题。

6.2.2 准备知识

1. 多因素方差分析的基本思想

方差分析中当涉及两个或两个以上的分类型自变量时,则需要进行多因素方差分析。进行多因素方差分析时,要首先确定因变量和若干个自变量,其次分析数值型因变量的方差,最后分别比较因变量总离差平方和各部分所占比例,进而推断自变量以及自变量的交互作用是否给因变量带来显著影响。

多因素方差分析将因变量观测值的总变差分解为三个组成部分:自变量独立作用的影响,自变量交互作用的影响和随机因素的影响。以双因素方差分析为例,即

$$SST = SSA + SSB + SSAB + SSE$$

式中,SST 为因变量的总变差;SSA 和 SSB 分别为自变量 A 和 B 独立作用引起的变差;$SSAB$

为自变量 A 和 B 两两交互作用引起的变差；SSE 为随机因素引起的变差。通常称 $SSA+SSB$ 为主效应，$SSAB$ 为交互效应，SSE 为剩余变差。SST 的数学表达式为

$$SST = \sum_{i=1}^{k}\sum_{j=1}^{n_i}(x_{ij}-\bar{x})^2$$

式中，k 为自变量的水平数；x_{ij} 为自变量第 i 个水平下第 j 个样本值；n_i 为自变量第 i 个水平下的样本个数；$\bar{x}$ 为因变量均值。

SSA 的数学表达式为

$$SSA = \sum_{i=1}^{k}\sum_{j=1}^{r}n_{ij}(\bar{x_i}^A-\bar{x})^2$$

式中，n_{ij} 为因素 A 第 i 个水平和因素 B 第 j 个水平下的样本观测值个数；$\bar{x_i}^A$ 为因素 A 第 i 个水平下因变量的均值。

SSB 的数学表达式为

$$SSB = \sum_{i=1}^{y}\sum_{j=1}^{k}n_{ij}(\bar{x_i}^B-\bar{x})^2$$

式中，n_{ij} 为因素 B 第 i 个水平和因素 A 第 j 个水平下的样本观测值个数；$\bar{x_i}^B$ 为因素 B 第 i 个水平下因变量的均值。

SSE 的数学表达式为

$$SSE = \sum_{i=1}^{y}\sum_{j=1}^{k}\sum_{k=1}^{n_{ij}}(x_{ijk}-\bar{x_{ij}}^{AB})^2$$

式中，$\bar{x_{ij}}^{AB}$ 为因素 A 和因素 B 在水平 i 和水平 j 下的因变量均值。

2. 多因素方差分析的理论假设

(1) 各因素条件下的样本是随机的。
(2) 各因素条件下的样本是互相独立的。
(3) 各因素条件下的样本来自正态总体，样本方差具有方差齐性。

3. 多因素方差分析的基本步骤

(1) 提出原假设。多因素方差分析的原假设是：各自变量不同水平下的因变量总体的均值无显著差异，自变量各效应和交互作用效应同时为 0。

(2) 选择检验统计量。多因素方差分析中采用的检验统计量为 F 统计量。固定效应模型中，如果 A、B 两个自变量，通常对应三个 F 检验统计量。

$$F_A = \frac{SSA/(k-1)}{SSE/kr(1-1)} = \frac{MSA}{MSE}$$

$$F_B = \frac{SSB/(r-1)}{SSE/kr(1-1)} = \frac{MSB}{MSE}$$

$$F_{AB} = \frac{SSAB/(r-1)(k-1)}{SSE/kr(1-1)} = \frac{MSAB}{MSE}$$

(3) 计算检验统计量的值及相应的 P 值。

(4) 给定显著性水平 α，并做出决策。给定显著性水平 α，依次与各个检验统计量的 P 值进行比较。如果 P 值小于显著性水平 α，则应拒绝原假设；如果 P 值大于或等于显著性水平 α，则没有理由拒绝原假设。

6.2.3 实验内容

某企业新开发一批商品，为了了解不同的广告形式和地区对该商品的销售额是否有影响，该企业随机抽取了 144 个包装、价格相同的产品进行实验。经过三个月之后得到此商品的销售额，从而获得到了第一手的数据资料。

该数据资料包含广告形式($x1$)、地区($x2$)、2 个变量的 144 个观测值，其中地区与广告形式为定类变量。广告形式的取值为：0=报纸、1=广播、2=宣传品、3=体验，具体内容见数据集"6-2.sav"。

试分析本次调查中这两个变量对该产品销售额的影响是否显著。如果显著，再分析各个因素的不同水平对对其影响是否显著。

6.2.4 实验步骤

本实验以广告形式和地区两个变量为自变量，销售额为因变量。其中的原假设为：不同的广告形式对该产品的销售额有显著性影响；不同的地区对该产品的销售额有显著性影响；广告形式和地区没有对该产品的销售额产生显著的交互影响。具体操作步骤如下。

(1) 选择【分析(Analyze)】→【常规线性模型(General Linear Model)】→【单变量(Univariate)】命令，打开如图 6.4 所示的"单变量"对话框。

(2) 选择"销售额[x3]"到"因变量(Dependent Variables)"列表框中，选择变量"广告形式"和"地区"到"固定因子(Fixed Factors)"列表框中。

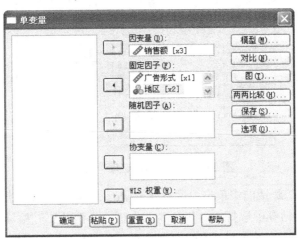

图 6.4 "单变量"对话框

(3) 单击"模型(Model)"按钮，打开如图 6.5 所示的"单变量：模型"对话框。

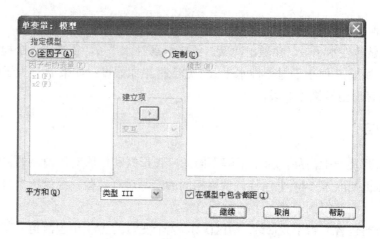

图 6.5 "单变量：模型"对话框

(4) 在"指定模型(Specify Model)"选项区域中选中"全因子(Full Factorial)"单选按钮。"全因子(Full Factorial)"为全模型选项，这是系统默认的选项。全模型分析中包括所有自变量的主效应和因素与因素之间的交互效应。自定义模型(Custom)是针对全模型而言的。如果研究中发现自变量的某阶交互作用没有给因变量带来显著影响，则可尝试建立自定义模型。对于自定义模型，其参数估计的方法、检验统计量与全模型相似。本实验中选用全模型，单击"继续(Continue)"按钮返回"单变量"对话框。

(5) 单击"选项(Options)"按钮，打开如图 6.6 所示的"单变量：选项"对话框。勾选"输出(Display)"选项区域的"方差齐性检验(Homogeneity Tests)"复选框进行方差齐性检验。单击"继续(Continue)"按钮，返回"单变量"对话框。

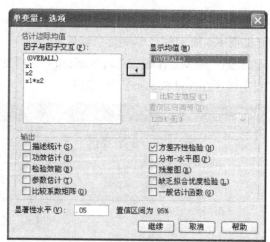

图 6.6 "单变量：选项"对话框

(6) 在"单变量"对话框中单击"两两比较(Post Hoc)"按钮，打开如图 6.7 所示的两两比较对话框。在此话框中选择"x1"和"x2"进入"两两比较检验(Post Hoc Tests for)"列表框中；勾选"假定方差齐性(Equal Variances Assumed)"选项区域的"LSD"复选框；勾选"未假定方差齐性(Equal Variances Not Assumed)"选项区域的"Tamhane's T2"复选框。

第6章 方差分析

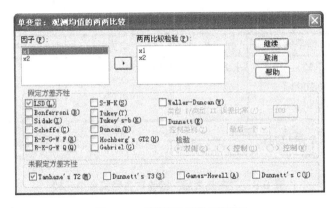

图 6.7 "两两比较"对话框

(7) 单击"继续(Continue)"按钮之后单击"确定(OK)"按钮，系统输出分析结果如表 6-5 至表 6-9 所示。

表 6-5 主体间因子

		值标签	N
广告形式	1.00	报纸	36
	2.00	广播	36
	3.00	宣传品	36
	4.00	体验	36
地区	1.00		32
	2.00		39
	3.00		39
	4.00		34

表 6-6 误差方差等同性的 Levene 检验(a)

因变量：销售额

F	df1	df2	Sig.
.678	15	128	.802

a：截距+x1+x2+x1*x2。

检验零假设，即在所有组中因变量的误差方差均相等。

表 6-7 主体间效应的检验

因变量：销售额

源	III 型平方和	df	均方	F	Sig.
校正模型	6821.950(a)	15	454.797	3.009	.000
截距	636297.959	1	636297.959	4209.678	.000
x1	5915.685	3	1971.895	13.046	.000
x2	264.436	3	88.145	.583	.627
x1 * x2	671.035	9	74.559	.493	.877

续表

源	III 型平方和	df	均方	F	Sig.
误差	19347.356	128	151.151		
总计	669106.000	144			
校正的总计	26169.306	143			

a：R 方=.261(调整 R 方=.174)。

表 6-8 "在此之后"检验广告形式多个比较

因变量：销售额

	(I)广告形式	(J)广告形式	均值差值(I-J)	标准误	Sig.	95%置信区间	
						下限	上限
LSD	报纸	广播	2.3333	2.89781	.422	−3.4005	8.0671
		宣传品	16.6667(*)	2.89781	.000	10.9329	22.4005
		体验	6.6111(*)	2.89781	.024	.8773	12.3449
	广播	报纸	−2.3333	2.89781	.422	−8.0671	3.4005
		宣传品	14.3333(*)	2.89781	.000	8.5995	20.0671
		体验	4.2778	2.89781	.142	−1.4560	10.0116
	宣传品	报纸	−16.6667(*)	2.89781	.000	−22.4005	−10.9329
		广播	−14.3333(*)	2.89781	.000	−20.0671	−8.5995
		体验	−10.0556(*)	2.89781	.001	−15.7894	−4.3217
	体验	报纸	−6.6111(*)	2.89781	.024	−12.3449	−.8773
		广播	−4.2778	2.89781	.142	−10.0116	1.4560
		宣传品	10.0556(*)	2.89781	.001	4.3217	15.7894
Tamhane	报纸	广播	2.3333	2.70241	.949	−5.0000	9.6667
		宣传品	16.6667(*)	2.52623	.000	9.8208	23.5125
		体验	6.6111	2.77357	.115	−.9201	14.1423
	广播	报纸	−2.3333	2.70241	.949	−9.6667	5.0000
		宣传品	14.3333(*)	2.90189	.000	6.4737	22.1929
		体验	4.2778	3.11959	.684	−4.1689	12.7245
	宣传品	报纸	−16.6667(*)	2.52623	.000	−23.5125	−9.8208
		广播	−14.3333(*)	2.90189	.000	−22.1929	−6.4737
		体验	−10.0556(*)	2.96828	.007	−18.0973	−2.0138
	体验	报纸	−6.6111	2.77357	.115	−14.1423	.9201
		广播	−4.2778	3.11959	.684	−12.7245	4.1689
		宣传品	10.0556(*)	2.96828	.007	2.0138	18.0973

基于观测到的均值。

* 均值差值在.05 级别上较显著。

表 6-9 地区的多个比较

因变量：销售额

	(I)地区	(J)地区	均值差值 (I−J)	标准误	Sig.	95%置信区间	
						下限	上限
LSD	1.00	2.00	−.9175	2.93243	.755	−6.7198	4.8848
		3.00	.2620	2.93243	.929	−5.5403	6.0643
		4.00	−2.5864	3.02805	.395	−8.5779	3.4051
	2.00	1.00	.9175	2.93243	.755	−4.8848	6.7198
		3.00	1.1795	2.78412	.673	−4.3294	6.6884
		4.00	−1.6689	2.88467	.564	−7.3767	4.0389
	3.00	1.00	−.2620	2.93243	.929	−6.0643	5.5403
		2.00	−1.1795	2.78412	.673	−6.6884	4.3294
		4.00	−2.8484	2.88467	.325	−8.5562	2.8594
	4.00	1.00	2.5864	3.02805	.395	−3.4051	8.5779
		2.00	1.6689	2.88467	.564	−4.0389	7.3767
		3.00	2.8484	2.88467	.325	−2.8594	8.5562
Tamhane	1.00	2.00	−.9175	3.15105	1.000	−9.4533	7.6184
		3.00	.2620	3.32312	1.000	−8.7395	9.2636
		4.00	−2.5864	2.92159	.943	−10.5232	5.3504
	2.00	1.00	.9175	3.15105	1.000	−7.6184	9.4533
		3.00	1.1795	3.39035	1.000	−7.9812	10.3402
		4.00	−1.6689	2.99784	.994	−9.7839	6.4461
	3.00	1.00	−.2620	3.32312	1.000	−9.2636	8.7395
		2.00	−1.1795	3.39035	1.000	−10.3402	7.9812
		4.00	−2.8484	3.17822	.939	−11.4577	5.7609
	4.00	1.00	2.5864	2.92159	.943	−5.3504	10.5232
		2.00	1.6689	2.99784	.994	−6.4461	9.7839
		3.00	2.8484	3.17822	.939	−5.7609	11.4577

基于观测到的均值。

方差齐性检验中，F 统计量的值为 0.678。P 的值为 0.802，广告形式 $x1$ 作用的 F 统计量的值是 13.046，P 值为 0.000。地区 $x2$ 作用的 F 统计量的值是 0.583，P 值为 0.627。由广告形式 $x1$ 和地区 $x2$ 交互作用的 F 统计量的值是 0.493，P 值为 0.877。

由于本数据中的方差齐性检验结果是具有方差齐性的，所以，应就 LSD 的输出结果进行分析。比较相应的两组均值得 P 值与显著性水平的大小。在 0.05 的显著性水平下，如果 P 值 $\geqslant 0.05$，则两组均值不存在显著性差异；如果 P 值 <0.05，则两组均值存在显著性差异。

6.2.5 实验总结

掌握多因素方差分析的基本思想，并熟练掌握其数据组织方式和具体操作。

6.2.6 思考与练习

(1) 多因素方差分析的前提条件是什么？单因素方差分析和多因素方差分析的方差齐性检验有什么不同？

(2) 对于给出的数据文件，还可以用什么统计方法进行分析？

(3) 本次调研中，有没有更好方法对该商品的销售额进行评价？

(4) 尝试选用自定义模型进行多因素方差分析，观察结果如何？

(5) 众所周知吸烟有害于身体健康，不同职业的吸烟人数和程度一直是研究者关注的问题，为了寻求答案，研究者对 193 位不同职业者做了调查，结果如表 6-10 所示(见数据文件"6-2.练习.sav")。

表 6-10 193 位不同职业者吸烟情况

职业性质	吸烟程度	人　数
高层管理者	不吸烟	4
高层管理者	轻微	2
高层管理者	中等	3
高层管理者	严重	2
低层管理者	不吸烟	4
低层管理者	轻微	3
低层管理者	中等	7
低层管理者	严重	4
高级职员	不吸烟	25
高级职员	轻微	10
高级职员	中等	12
高级职员	严重	4
低级职员	不吸烟	18
低级职员	轻微	24
低级职员	中等	33
低级职员	严重	13
文秘	不吸烟	10
文秘	轻微	6
文秘	中等	7
文秘	严重	2

试分析数据集中吸烟人数和吸烟程度两个变量对变量职业性质的影响是否显著。如果影响显著，再分析各个因素的不同水平对其影响是否显著。

(6) 如果将吸烟人数和职业性质两个变量对变量吸烟程度进行多因素方差分析，结果如何？

第 7 章 相关与回归分析

相关与回归分析是研究变量之间不确定统计关系的重要方法，相关分析主要是判断两个或两个以上变量之间是否存在相关关系，并分析变量间相关关系的形态和程度，所以明确客观事物之间有怎样的关系对理解和运用相关分析极为重要。回归分析主要是对存在相关关系的现象间数量变化规律性的测定，在经济和金融研究及应用中有十分广泛的应用。相关分析是回归分析的基础。

7.1 相关分析

7.1.1 实验目的

(1) 明确相关关系的含义以及相关分析的主要目标。
(2) 准确掌握相关分析的方法原理。
(3) 熟练掌握相关分析的 SPSS 操作。
(4) 了解 Pearson 相关系数、Spearman 相关系数、Kendall's tau-b 相关系数的计算方法及其对数据的要求。
(5) 能够运用相关分析解决身边实际问题。

7.1.2 准备知识

1. 简单相关分析的概念

相关分析是研究变量间关系密切程度的一种统计方法。线性相关分析研究两个变量线性关系的强弱程度。相关系数是描述这种线性关系强弱的统计量，通常用 r 表示。

如果一个变量 y 可以确切地用另一个变量 x 的线性函数表示，则两个变量间的相关系数是 1 或-1。

变量 y 随变量 x 的增加而增加或随着变量 x 的减少而减少，称为变化方向一致，这种相关称为正向相关，其相关系数大于 0。反之，相关系数小于 0。相关系数 r 没有计量单位，其值在-1 到 1 之间。

2. 相关系数的计算方法

1) Pearson 相关系数

正态分布的定距尺度的变量 x 和变量 y 间的 Pearson 相关系数可以采用 Pearson 积矩相

关公式计算，公式为

$$r_{xy} = \frac{\sum_{i=1}^{n}(x_i - \bar{x})(y_i - \bar{y})}{\sqrt{\sum_{i=1}^{n}(x_i - \bar{x})^2 \sum_{i=1}^{n}(y_i - \bar{y})^2}}$$

式中，$\bar{x}$、$\bar{y}$ 分别是变量 x、y 的均值。x_i、y_i 分别是变量 x、y 的第 i 个观测值。

2) Spearman 相关系数

Spearman 相关系数是 Pearson 相关系数的非参数形式，是根据数据的秩而不是根据实际值计算的。也就是说，先对原始变量的数据排秩，根据秩使用 Spearman 相关系数公式进行计算。它适合定序尺度数据或不满足正态分布假设的定距尺度数据。Spearman 相关系数的数值也在-1 和 1 之间，绝对值越大，表明相关性越强。变量 x 与变量 y 间的 Spearman 相关系数计算公式为

$$\theta = \frac{\sum(R_i - \bar{R})(S_i - \bar{S})}{\sqrt{\sum(R_i - \bar{R})^2(S_i - \bar{S})^2}}$$

式中，R_i 是第 i 个 x 值的秩，S_i 是第 i 个 y 值的秩。$\bar{R}$、$\bar{S}$ 分别是变量 R_i、S_i 的平均值。

3) Kendall's tau-b 相关系数

Kendall's tau-b 相关系数也是一种对两个有序变量或两个秩变量间的关系程度的测度。它在分析时考虑了结点(秩次相同)的影响，适用于两个变量均为定序尺度数据的情况。Kendall's tau-b 相关系数计算公式为

$$\tau = \frac{\sum_{i<j} \text{sgn}(x_i - \bar{x})\text{sgn}(y_i - \bar{y})}{\sqrt{(T_0 - T_1)(T_0 - T_2)}}$$

其中：

$$\text{sgn}(z) = \begin{cases} 1, & z > 0 \\ 0, & z = 0 \\ -1, & z < 0 \end{cases}$$

$T_0 = n(n-2)/2$ $T_1 = \sum t_i(t_i - 1)/2$ $T_2 = \sum u_i(u_i - 1)/2$

式中，t_i(或 u_i)是 x(或 y)的第 i 组的结点 x(或 y)值的数目，n 为观测量数。

3. 关于相关系数统计意义的检验

通常是利用样本来研究总体的特性的。由于抽样误差的存在，样本中两个变量之间的相关系数不为 0，不能说明总体中这两个变量间的相关系数不是 0，因此必须进行检验。检验的零假设是：总体中两个变量间的相关系数为 0。Pearson 和 Spearman 相关系数假设检

验 t 值的计算公式为

$$t = \frac{\sqrt{n-2} \cdot r}{\sqrt{1-r^2}}$$

式中，r 是相关系数，n 是样本观测数，n-2 是自由度。当 $t > t_{0.05}(n-2)$ 时，$p < 0.05$，拒绝原假设。在 SPSS 的相关分析过程中，只输出相关系数和假设成立的概率 p 值。

4. 偏相关分析

1) 偏相关分析的概念

由于其他变量的影响，相关系数往往不能真实反映两个变量间的线性相关程度。偏相关分析就是研究两个变量之间的线性相关关系时控制可能对其产生影响的变量。

2) 偏相关系数的计算

控制了一个变量 z，变量 x、y 之间的偏相关和控制了两个变量 z_1、z_2，变量 x、y 之间的偏相关系数计算公式分别为

$$r_{xy,z} = \frac{r_{xy} - r_{xz}r_{yz}}{\sqrt{(1-r^2_{xz})(1-r^2_{yz})}}$$

$$r_{xy,z_1 z_2} = \frac{r_{xyz_1} - r_{xz_2,z_1}r_{yz_2,z}}{\sqrt{(1-r^2_{xz_2,z_1})(1-r^2_{yz_2,z_1})}}$$

第一个公式中的 $r_{xy,z}$ 是控制了 z 的条件下，x、y 之间的偏相关系数。r_{xy} 是变量 x、y 间简单相关系数或称零阶相关系数。r_{xz}、r_{yz} 分别是变量 x、z 间和变量 y、z 间的简单相关系数，依此类推。

3) 偏相关系数的检验

偏相关系数检验的零假设为：总体中两个变量间的偏相关系数为 0。使用 T 检验方法，公式为

$$t = \frac{\sqrt{n-k-2} \cdot r}{\sqrt{1-r^2}}$$

式中，r 是相应的偏相关系数，n 是样本观测数，k 是可控制变量的数目，n-k-2 是自由度。当 $t > t_{0.05}(n-k-2)$ 时，$p < 0.05$，拒绝原假设。在 SPSS 的相关分析过程中，只输出偏相关系数及其 p 值。

7.1.3 实验内容

性别、体重、身高、胸围作为人体体质特征的显著指标，一直受到法医学、生长发育解剖学及临床医学的重视。为掌握幼年儿童性别、体重、身高、胸围的关系及其发育规律，积累人类学资料，通过抽样调查，对我市部分幼年儿童(5 周岁到 7 周岁)的相应指标进行了测量，经整理得出有关变量的样本数据，参见数据集"7-1.sav"。

此数据包括性别、体重、身高、胸围、年龄 5 个变量的 96 个观测。这 5 个变量中，体重、身高、胸围、年龄为数量变量，性别为定类变量。

要求如下：

① 根据上述内容，计算儿童性别、体重、年龄、胸围这4方面与身高的相关性。

② 在控制其他变量的情况下，分别计算儿童性别、体重、年龄、胸围与身高的偏相关系数。

7.1.4 实验步骤

1. 计算简单相关系数

(1) 选择【分析(Analyze)】→【相关(Correlate)】→【双变量(Bivariate)】命令，打开图 7.1 所示的"双变量相关"对话框。

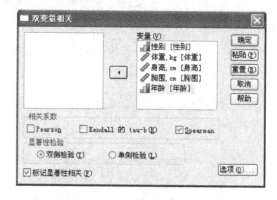

图 7.1 "双变量相关"对话框

(2) 在此对话框中选择变量"性别"、"体重"、"身高"、"胸围"、"年龄"进入"变量(Variables)"列表框中。勾选"相关系数(Correlation Coefficients)"选项区域中的"Spearman"复选框；选中"显著性检验(Test of Significance)"选项区域中的"双侧检验(Tow-Tailed)"单选按钮；勾选"标记显著性相关(Flag Significant Correlations)"复选框。

(3) 单击"确定(OK)"按钮，系统输出简单相关系数的计算结果如表 7-1 所示。

表 7-1 简单相关系数计算结果输出表

			性别	体重/kg	身高/cm	胸围/cm	年龄
Spearman 的 rho	性别	相关系数	1.000	.002	.025	-.209(*)	.117
		Sig.(双侧)	.	.985	.810	.041	.256
		N	96	96	96	96	96
	体重/kg	相关系数	.002	1.000	.869(**)	.742(**)	.597(**)
		Sig.(双侧)	.985	.	.000	.000	.000
		N	96	96	96	96	96
	身高/cm	相关系数	.025	.869(**)	1.000	.634(**)	.728(**)
		Sig.(双侧)	.810	.000	.	.000	.000
		N	96	96	96	96	96
	胸围/cm	相关系数	-.209(*)	.742(**)	.634(**)	1.000	.317(**)
		Sig.(双侧)	.041	.000	.000	.	.002
		N	96	96	96	96	96

续表

		性别	体重/kg	身高/cm	胸围/cm	年龄
年龄	相关系数	.117	.597(**)	.728(**)	.317(**)	1.000
	Sig.(双侧)	.256	.000	.000	.002	.
	N	96	96	96	96	96

在置信度(双测)为 0.05 时，相关性是显著的。
在置信度(双测)为 0.01 时，相关性是显著的。

2. 计算偏相关系数

(1) 选择【分析(Analyze)】→【相关(Correlate)】→【偏相关(Partial)】命令，打开如图 7.2 所示的"偏相关"对话框。

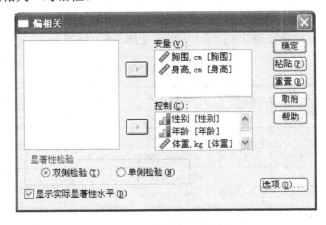

图 7.2 "偏相关"对话框

(2) 在此对话框中选择变量"胸围"、"身高"进入"变量(Variables)"列表框中；选择变量"性别"、"体重"、"年龄"进入"控制(Controlling for)"列表框中。选中"显著性检验(Test of Significance)"选项区域中的"双侧检验(Tow-Tailed)"单选按钮；勾选"显示实际显著性水平(Flag Significant Correlations)"复选框。

(3) 单击"确定(OK)"按钮，系统输出偏相关系数的计算结果如表 7-2 所示。

表 7-2 偏相关系数的计算结果输出表

控制变量			胸围/cm	身高/cm
性别&年龄&体重/kg	胸围/cm	相关性	1.000	-.109
		显著性(双侧)	.	.300
		df	0	91
	身高/cm	相关性	-.109	1.000
		显著性(双侧)	.300	.
		df	91	0

(4) 依此类推，可分别得到性别、体重、年龄和身高的偏相关系数。

7.1.5 实验总结

明确相关关系的含义以及相关分析的主要目标。熟练掌握计算相关系数的具体操作，能够读懂分析结果。理解偏相关分析与相关分析之间的关系，熟练掌握偏相关分析的具体操作，能够对结果进行解释。

7.1.6 思考与练习

(1) 进行相关分析时绘制散点图的意义是什么？

(2) SPSS 提供了几种求相关系数的方法？各适合分析什么类型的变量？

(3) 缺失值对于统计分析的结果有什么影响？如果出现缺失值应该如何处理？

(4) 试验中相关系数说明了什么，偏相关系数与相关系数有什么不同？

(5) 某校为了研究教师的资历、科研水平、论文数量、经费等是否相关，对 20 位教师的情况进行了统计，结果如表 7-3 所示(见数据文件"7-1.练习.sav")。

表 7-3 20 位教师情况统计结果

姓名	性别	年龄	学历	工作年月	职称	工作量	论文数	科研经费
王菊勇	2	39.0	4	01-Jul-1993	4	3	9	$2.80
王 识	1	25.0	2	01-Jul-1982	3	2	2	$1.20
陈 菲	2	33.0	5	01-Apr-2000	3	1	5	$0.00
程 龙	1	29.0	4	01-May-2004	3	2	7	$10.00
冯丙刚	1	55.0	3	01-Jul-1981	4	1	1	$0.30
郭东洋	1	29.0	3	01-May-2002	2	4	3	$0.50
霍丽霞	2	57.0	1	01-Aug-1977	3	3	0	$0.00
蒋学祥	1	26.0	2	01-Jul-2001	2	5	3	$0.80
李 娇	2	36.0	4	01-Aug-1989	3	3	8	$12.00
刘方明	1	31.0	3	01-Apr-1999	3	2	5	$5.00
孙 谦	1	21.0	2	01-Jul-2005	1	4	0	$0.00
王 丹	2	28.0	3	01-Mar-2004	2	4	2	$2.80
王 珏	1	38.0	5	01-Aug-1989	4	1	3	$20.00
吴立强	1	28.0	2	01-Jul-1998	2	5	1	$0.00
杨萧烨	2	22.0	2	01-Jul-2004	1	4	0	$0.00
张瑞品	1	22.0	2	01-Jul-2006	1	2	1	$0.00
郑王旗	1	46.0	4	01-Jul-2004	2	2	2	$0.50
陈 珂	2	24.0	3	01-Jun-2006	1	1	1	$0.00
将先锋	1	45.0	2	01-Jan-1980	4	4	4	$0.00
周 菲	2	50.0	4	01-Sep-1982	4	1	11	$18.20

请计算性别、年龄、学历、论文数、本年度的教学工作量与教师职称的相关程度。

(6) 在控制其他变量的情况下，分别计算性别、年龄、学历、论文数、本年度的教学工作量与教师职称的偏相关系数。

7.2 一元线性回归分析

7.2.1 实验目的

(1) 理解一元线性回归分析的方法原理。
(2) 熟练掌握一元线性回归分析的 SPSS 操作。
(3) 熟练掌握一元线性回归方程进行预测的方法。
(4) 能够运用一元线性回归分析解决实际经济问题。

7.2.2 准备知识

1. 一元线性回归的思想和假设

一元线性回归是回归分析中最简单、最基础的模型，是研究两个变量依存关系的统计方法。两个变量中假设因变量用 y 表示，自变量用 x 表示，一元线性回归的一般模型为

$$y = \alpha + \beta x + \varepsilon$$

其中，α 称为线性方程的截距，β 称为线性方程的斜率，ε 称为方程的随机误差，说明自变量 x 以外的其他因素对因变量 y 的影响。

上述模型有以下几个主要假设。
(1) 线性是合理的，即因变量和自变量之间只存在线性关系，没有非线性关系的存在。
(2) 误差项 ε 是一个期望值为 0 的随机变量，即 $E(\varepsilon_i) = 0$。
(3) 对于所有的 x 值，ε 的方差 σ^2 都相同，即 $\mathrm{var}(\varepsilon_i) = \sigma^2$。
(4) 误差项是一个服从正态分布的随机变量，且独立，即 $\varepsilon_i \sim N(0, \sigma^2)$。
(5) 随机误差与自变量相互独立，即 $\mathrm{cov}(\varepsilon_i, x_j) = 0$。

总体回归参数 α 和 β 是未知的，必须利用样本数据去估计它们。用样本统计量 $\hat{\alpha}$ 和 $\hat{\beta}$ 代替回归方程中的未知参数 α 和 β，就得到了估计的回归方程。它是根据样本数据求出的回归方程的估计。对于一元线性回归，估计的回归方程形式为

$$\hat{y} = \hat{\alpha} + \hat{\beta} x$$

2. 一元线性回归方程的检验

回归方程建立以后，必须对方程进行检验，通过检验，可以证明两个变量的关系是合理的，也可以说明变量间的关系是统计显著的，只有通过检验的方程才能用于说明变量关系和进行因变量的预测。回归方程的检验主要包括以下几点。

1) 方程拟合优度检验

方程拟合优度检验主要是检验自变量对因变量的解释程度，用可决系数进行检验，可决系数的计算公式为

$$R^2 = \frac{SSR}{SST} = \frac{\sum(\hat{y}_i - \overline{y})^2}{\sum(y_i - \overline{y})^2} = 1 - \frac{\sum(y_i - \hat{y}_i)^2}{\sum(y_i - \overline{y})^2}$$

式中，SST 表示总平方和，SSR 表示回归平方和，即自变量说明因变量方差的部分，SSE 为残差平方和，$SSE=SST-SSR=\sum(y_i-\hat{y}_i)^2$，即自变量不能解释的其他随机因素对因变量的影响，可决系数描述因变量的方差中自变量能够解释的方差。可决系数的取值范围是[0，1]，取值越大，说明模型的拟合效果越好。SPSS 可自动计算可决系数。

2) 线性关系的检验

线性关系的检验是检验自变量 x 和因变量 y 之间的线性关系是否显著，如果线性关系显著，说明自变量确实能影响因变量，就可以用自变量的取值去预测因变量的取值；相反，如果线性关系不显著，则说明变量之间没有线性关系，不能应用自变量对因变量进行操作。一元线性回归方程显著性检验通过 F 检验来完成。F 统计量的构造为

$$F=\frac{SSR/1}{SSE/n-2}=\frac{MSR}{MSE} \sim F(1,n-2)$$

式中，MSR 为均方回归，MSE 为均方残差。

当原假设 $H_0:\beta=0$ 成立时，MSR/MSE 的值应接近 1，但如果原假设 $H_0:\beta=0$ 不成立，MSR/MSE 的值将变得无穷大。因此，较大的 MSR/MSE 值将导致拒绝 H_0，此时就可以断定变量 x 与 y 之间存在着显著的线性关系。

3) 回归系数的检验

回归系数的显著性检验是检验自变量对因变量的影响是否显著，这种检验通过 T 检验完成。T 统计量构造为

$$t=\frac{\hat{\beta}-\beta}{s_{\hat{\beta}}}$$

其中，$s_{\hat{\beta}}=\dfrac{s_e}{\sqrt{\sum x_i^2-\dfrac{1}{n}(\sum x_i)^2}}$。$s_e$ 为估计标准误差，其计算公式为

$$s_e=\sqrt{\frac{\sum(y_i-\hat{y}_i)^2}{n-2}}=\sqrt{\frac{SSE}{n-2}}=\sqrt{MSE}$$

上述 T 统计量的自由度为 $n-2$。如果原假设成立，则 $\beta=0$，检验的统计量为

$$t=\frac{\hat{\beta}}{s_{\hat{\beta}}}$$

回归系数显著性检验的具体步骤如下。

(1) 提出检验。

$$H_0:\beta=0 \qquad H_1:\beta\neq 0$$

(2) 计算检验的统计量 T。

$$t=\frac{\hat{\beta}}{s_{\hat{\beta}}}$$

(3) 做出决策。确定显著性水平 α，并根据自由度 $df=n-2$ 查 t 分布表，找到相应的临界值 $t_{\alpha/2}$。若 $|t|>t_{\alpha/2}$，则拒绝 H_0，回归系数等于 0 的可能性小于 α，表明自变量 x 对因变量 y 的影响是显著的，换言之，两个变量之间存在着显著的线性关系；若 $|t|<t_{\alpha/2}$，

则不拒绝 H_0，没有证据表明 x 对 y 的影响显著，或者说，二者之间尚不存在显著的线性关系。

3. 一元线性回归分析中的 DW 检验

残差是指由回归方程计算所得的预测值与实际值之间的差距，定义为 $e_i = y_i - \hat{y}_i$。在对回归模型的诊断中，需要诊断回归模型中残差序列的独立性。如果残差序列不相互独立，那么根据回归模型的任何估计与假设做出的结论都是不可靠的。检验残差序列相互独立性的统计量称为 DW 统计量。其取值范围为：$0<DW<4$。其统计学的意义：若 $DW=2$，表明相邻两点的残差相互独立；若 $0<DW<2$，表明相邻两点的残差项正相关；若 $2<DW<4$，表明相邻两点的残差项负相关。

7.2.3 实验内容

表 7-4 列出了某地能源消耗量与工业总产值的数据(见数据文件 "7-2.sav")。

表 7-4 某地能源消耗量与工业总产值

年份	能源消耗(10万吨)	工业总产值(亿元)	年份	能源消耗(10万吨)	工业总产值(亿元)
1995	35	24	2003	62	41
1996	38	25	2004	64	40
1997	40	24	2005	65	47
1998	42	28	2006	68	50
1999	49	32	2007	69	49
2000	52	31	2008	71	51
2001	54	37	2009	72	48
2002	59	40	2010	76	58

x 表示能源消耗，y 表示工业总产值，利用一元线性回归分析描述二者关系。

7.2.4 实验步骤

1. 一元线性回归分析的 SPSS 操作步骤

1) 绘制散点图，判断变量之间是否存在相关关系

选择【图形(Graphs)】→【散点/点状(Scatter/Dot)】→【简单散点(Simple Scatter)】→【定义(Define)】命令，打开如图 7.3 所示的 "简单散点图(Simple Scatterplot)" 对话框。在对话框中，选择 "工业总产值" 进入 "Y轴(Y Axis)" 列表框中，选择 "能源消耗" 进入 "X轴(X Axis)" 列表框中，设置完成后单击 "确定(OK)" 按钮完成操作。能源消耗与工业总产值散点图如图 7.4 所示。从散点图中明显看出这两个变量有较强的线性相关关系，可以用一元线性回归方程拟合两个变量，另外，从散点图中没有发现明显的非线性、异方差、异常值等情况，考虑直接用线性模型拟合。

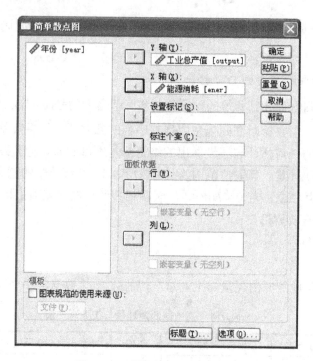

图 7.3 "简单散点图"对话框

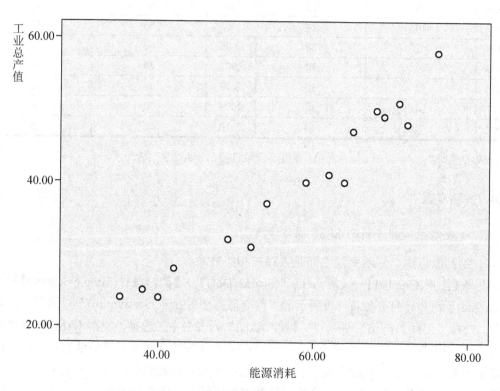

图 7.4 能源消耗与工业总产值散点图

2) 确定自变量和因变量，进行回归拟合

根据两个变量的经济意义，显然能源消耗是原因，工业总产值是结果，因此，将能源

消耗作为自变量，工业总产值作为因变量，进行回归方程拟合。回归方程为
$$y = \alpha + \beta x + \varepsilon$$

3) 估计参数，确定估计的简单线性回归方程

选择【分析(Analyze)】→【回归(Regression)】→【线性(Linear)】命令，打开如图 7.5 所示的"线性回归"对话框。将变量"工业总产值"选入"因变量(Dependent)"列表框中，作为线性回归分析的被解释变量，然后将变量"能源消耗"选入"自变量(Independent)"列表框中，作为回归分析的解释变量。在"选择变量(Selection Variable)"文本框中可以根据选择变量选定满足条件的案例进行分析，"个案标签(Case Labels)"文本框用于选择标准变量(通常是字符串变量)对每个个案进行标注，"WLS 权重(WLS Weight)"文本框用于进行加权最小二乘，该项仅在被选变量为权变量时需选择。

(1) "统计量(Statistics)"选项。在"线性回归"对话框中，单击"统计量(Statistics)"按钮，打开"线性回归：统计量(Linear Regression：Statistics)"对话框，如图 7.6 所示。"回归系数"选项区域包括如下选项。

① 估计(Estimates)：输出回归系数、回归系数的标准差、标准化回归系数 Beta，对回归系数进行检验的 T 值、T 值的双侧检验的显著性水平。

② 置信区间(Confidence intervals)：输出每一个非标准化回归系数 95%的置信区间或者一个方差矩阵。

③ 协方差矩阵(Covariance matrix)：输出非标准化回归系数的协方差矩阵、各变量的相关系数矩阵。

右侧是与模型拟合及其拟合效果有关的选项，各选项含义如下。

① 模型拟合(Model fit)：输出进入或从模型中剔除的变量以及拟合优度统计量、复相关系数(R)，判定系数(R^2)、调整 R^2、估计值的标准误差以及方差分析表。

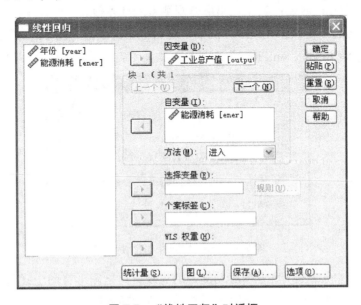

图 7.5 "线性回归"对话框

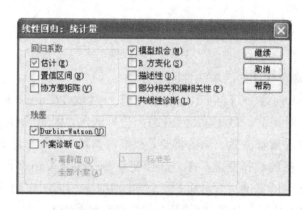

图7.6 "线性回归:统计量"对话框

② R 方变化(R squared change):输出的是当回归方程中引入或剔除一个自变量后 R^2 的变化量,如果较大,说明进入和从回归方程剔除的可能是一个较好的回归自变量。

③ 描述性(Decriptives):显示变量的均值、标准差、相关系数矩阵及单尾检验。

④ 部分相关和偏相关性(Part and partial correlations):输出部分相关系数、偏相关系数与零阶相关系数。

⑤ 共线性诊断(Collinearity diagnostics):显示包括各变量的容差、方差膨胀因子和共线性诊断表。

⑥ 残差(Residuals):选项区域中的选项用于进行有关残差的设置,包括如下选项。

⑦ Durbin-Watson:用于检验残差是否存在自相关。

⑧ 个案诊断(Casewise diagnostics):选择该项后将激活下面两个单选按钮。

⑨ 离群值(Outliers outside n standard deviation):含义为超出 n 倍标准差以上的个案为异常值,默认 n 为 3。

⑩ 全部个案(All cases):表示输出所有观测量的残差值。

(2) "图(Plots)"选项。在"线性回归"对话框中,单击"图(Plots)"按钮,打开"线性回归:图(Linear Regression:Plots)"对话框,如图7.7所示。

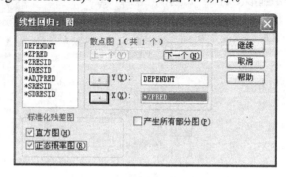

图7.7 "线性回归:图"对话框

这里提供绘制散点图、直方图等功能,通过观察这些图形有助于确认样本的正态性、线性和等方差性,也有助于发现和察觉那些异常值和超界值。

对话框左侧的列表框中包括选择绘制散点图的坐标轴变量,可以从列表中选择变量作为 X(横轴变量)和 Y(纵轴变量)。DEPENDNT:因变量;ZPRED:标准化预测值;ZRESID:标准化残差;DRESID:剔除残差;ADJPRED:调整预测值;SRESID:学生化残差;SDRESID:学生化剔除残差。这里分别把因变量和标准化预测值选为 Y 和 X 来进行绘图。

在"标准化残差图(Standardized Residual Plots)"选项区域中选择将要生成的标准化残差图的类型,包括如下选项。

① 直方图(Histogram):输出带有正态曲线的标准化残差的直方图。

② 正态概率图(Normal probability plot):表示输出标准化残差的正态概率图,通常用于检验残差的正态性。

③ 产生所有部分图(Produce all partial plots):对每一个自变量,会产生一个自变量与因变量残差的散点图,最少引入两个自变量时才能产生偏残差图。

(3) "保存(Save)"选项。包括:

在"线性回归"对话框中,单击"保存(Save)"按钮,打开如图 7.8 所示的"线性回归:保存"对话框,在此对话框中可决定将预测值、残值或其他诊断结果值作为新变量保存于当前工作文件或保存到新文件。对话框中各选项的含义如下。

① 在预测值(Predicted Values)选项区域可以选择输出回归模型每一观察值的预测值,包括以下 4 个值。

- 未标准化(Unstandardized):保存模型对因变量的预测值。
- 标准化(Standardized):将每个预测值转换为标准化形式,即用预测值与平均预测值之差除以预测值的标准差。
- 调节(Adjusted):调整预测值。在回归系数的计算中剔除当前个案时,当前个案的预测值。
- 均值预测值的 S.E.(S.E.of Mean Prediction Values):预测值的均值标准误。

② 在"距离(Distance)"选项区域有如下 3 个可选项。

- Mahalanobis 距离:计算自变量的一个观察与所有观察的均值的偏差的一种测度方式。当 Mahalanobis 距离对一个或某些自变量有极值时,就保存这个观察。
- Cook 距离:把一个个案从计算回归系数的样本中剔除时,所引起的残差变化的大小。Cook 距离越大,表明该个案对回归系数的影响也越大。
- 杠杆值(Leverage values):测量单个观察对拟合效果的影响程度。一般大于 $2p/n$,即为强影响点,p 为参数个数,n 为样本量。

③ "预测区间(Prediction Intervals)"选项区域用于选择关于预测值置信区间的保存选项,包括均值(Mean)的上下置信限和单值(Individual)的预测置信区间。勾选了"均值(Mean)"或"单值(Individual)"复选框后,激活"置信区间"参数框,在此指定 1~99.99 的任意数值作为上述两个预测区间的置信度,默认值为 95。

④ "残差(Residuals)"选项区域用于设置残差的保存选项,有 5 个可选项。

- 非标准化(Unstandardized):观察值与模型预测之差。
- 标准化(Standardized):残差除以其标准差。
- 学生化(Studentized):对残差进行 t 变换,计算其 t 统计量的值。

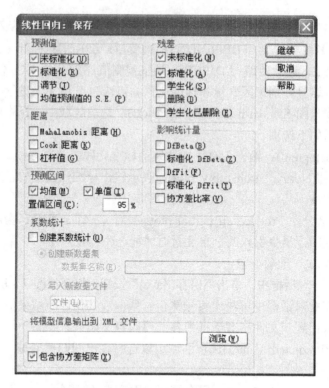

图 7.8 "线性回归：保存"对话框

- 删除(Deleted)：观察值与调整预测值的差。
- 学生化已删除(Studentized Deleted)：用剔除残差除以单个个案的标准误差，学生化残差和学生化剔除残差之间的不同，能反应被剔除观察在其预测其自身时的作用大小。

⑤ "影响统计量(Influence Statistics)"选项区域的选项反映剔除了某个案的数据以后，回归系数的变化情况，有以下 5 个可选项。

- Dfbeta：剔除一个个案后回归系数的改变。
- 标准化 Dfbeta(Standardized DfBeta)：剔除一个个案后回归系数改变量标准后的取值。
- DfFit：剔除一个个案后预测值的改变量。
- 标准化 DfFit(Standardized DfFit)：剔除一个个案后预测值改变量标准后的取值。
- 协方差比率(Covariance Ratio)：剔除一个个案后协方差矩阵的行列式与原协方差矩阵行列式的比值。它的取值接近 1，表明该个案对协方差矩阵的影响不大。

⑥ 在"系数统计(Coefficients statistics)"选项区域中勾选"创建系数统计(Create coefficients statistics)"复选框激活如下 2 个选项。

- 创建新数据集(Create a new dataset)：建立一个新的数据集，在数据集名称后指定数据集名称。
- 写入新数据文件(Write a new data file)：将回归系数保存到新文件中，单击"文件"按钮指定保存路径。

⑦ 在"将模型信息输出到 XML 文件(Export model information to XML file)"文本框中，

保存结果可以直接用于 SmartScore 和 SPSS Server，单击"浏览"按钮指定文件名称及路径。勾选"包含协方差矩阵(Include the covariance matrix)"复选框，表示保存协方差矩阵在如上的 XML 文件中。

(4) "选项(Options)"设置。在"线性回归"对话框中，单击"选项(Options)"按钮，打开如图 7.9 所示的"线性回归：选项"对话框，此对话框用于为变量进入方程设置 F 检验统计量的标准值以及确定缺失值的处理方式。

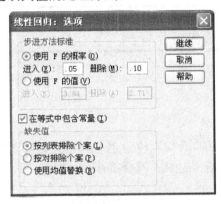

图 7.9 "线性回归：选项"对话框

"步进方法标准(Stepping Method Criteria)"选项区域中设置的是作为决定变量的进入或移出回归方程的标准。"使用 F 的概率"作为决定变量的进入或移出回归方程的标准，在"进入(Entry)"和"删除(Removal)"参数框中各输入一个数值，系统默认值分别为 0.05 和 0.10，F 统计量的显著性概率小于 0.05，变量将被引入回归方程，显著性概率大于 0.10，变量将被移出回归方程。"使用 F 的值"作为决定变量的进入或移出回归方程的标准，在"进入(Entry)"和"删除(Removal)"参数框中各输入一个数值，这两个值的系统默认值分别为 3.84 和 2.71，F 值大于 3.84，变量将被引入回归方程，F 值小于 2.71，变量将被移出回归方程。

"在等式中包含常量(Include constant in equation)"复选框，系统默认勾选，如果不勾选这一项将迫使回归方程通过坐标原点。

"缺失值(Missing Values)"选项区域中设置的是对含有缺失值的个案处理方式，有 3 种方式。

- 按列表排除个案(Exclude cases listwise)：只包括全部变量的有效缺失值。
- 按对排除个案(Exclude cases pairwise)：成对地剔除计算相关系数的变量中含有缺失值的观察量。
- 使用均值替换(Replace with mean)：用变量的均值替代缺失值。

在这里选择系统默认的选项，即删除含有缺失值的全部个案。

4) 进入计算分析

以上全部设置完成后，返回"线性回归"对话框，单击"确定(OK)"按钮，进入计算分析。

2. 一元线性回归分析的结果

1) 引入或剔除变量表

表 7-5 是回归分析的一般说明，包括自变量是能源消耗，因变量是工业总产值，回归选择的方法是所有变量直接进入模型。

表 7-5　输入 / 移去的变量(b)

模型	输入的变量	移去的变量	方法
1	能源消耗(a)	.	输入

a：已输入所有请求的变量。
b：因变量—工业总产值。

2) 模型摘要

表 7-6 主要是回归方程的拟合优度检验，其中可决系数等于 0.952，非常接近 1，说明因变量方差中，自变量能够解释 95.2%，模型拟合效果很好。

表 7-6　模型摘要(b)

模型	R	R 方	调整的 R 方	估计的标准差	Durbin-Watson
1	.976(a)	.952	.949	2.45674	1.900

a：预测变量—(常量)，能源消耗。
b：因变量—工业总产值。

3) 方差分析表

表 7-7 是方差分析表，主要列出了方程显著性检验的结果，表格中的第三列分别表明回归平方和为 1 676.44，残差平方和为 84.489 8，总平方和为 1 760.938，回归与残差平方和相加即得到总平方和。第四列说明回归平方和、残差平方和、总平方和各自的自由度为 1，14，15；第五列说明平方和的平均数，等于第三列数值除以对应第四列数值，表格第六列和第七列给出 F 统计量的值和对应的显著水平 P 值。在 SPSS 中，方差显著性检验主要通过观察表格的最后一列 P 值来给出，本例中 P 值小于 0.05，说明方程显著性检验能够通过，工业总产值和能源消耗线性关系显著。

表 7-7　ANOVA(b)

模型		平方和	df	均方	F	显著性
1	回归	1676.440	1	1676.440	277.761	.000(a)
	残差	84.498	14	6.036		
	合计	1760.938	15			

a：预测变量—(常量)，能源消耗。
b：因变量—工业总产值。

4) 回归系数表

表 7-8 是系数表，主要说明两部分内容：其一是回归方程的形式，其二是系数显著性检验的结果。表中给出了线性回归方程中的参数和常数项的估计值，在本例中，"(常量)"代表截距，其系数为-6.516，"能源消耗"代表能源消耗变量的斜率，其值为 0.796。第五列是标准化系数值，第六列和第七列是统计量的取值和相应的显著水平，在 SPSS 中，系数显著性检验主要通过最后一列的 P 值来完成。

表 7-8 系数(a)

模型		非标准化系数		标准化系数	t	显著性
		B	标准误	Beta		
1	(常量)	−6.516	2.803		−2.325	.036
	能源消耗	.796	.048	.976	16.666	.000

a：因变量—工业总产值。

根据表格第三列截距和斜率的取值，可以得到线性回归方程为

$$\hat{y} = -6.516 + 0.796x$$

上面例子中，截距为-6.516，说明在没有能源消耗的情况下，工业总产值将净损失 6.516 亿元，这是因为没有能源消耗将不能进行工业生产，机器折旧、原材料成本、工人工资等将成为净损失，故截距为负是合理的。而回归系数为 0.796，说明能源的增加和工业总产值的增加呈现正相关关系，这是合理的。

接着进行系数显著性检验，截距的 t 统计量为-2.325，相应的显著性水平是 0.036，小于 0.05 说明截距显著不为 0，回归系数的 t 统计量取值为 16.666，相应的显著水平为 0.000，小于 0.05 说明回归系数显著不为 0。

5) 残差统计量

表 7-9 是残差统计量表。表中显示了预测值、标准化预测值、残差和标准化残差等统计量的最小值、最大值、均值和标准差。

表 7-9 残差统计量(a)

	极小值	极大值	均值	标准差	N
预测值	21.3487	53.9898	39.0625	10.57179	16
标准预测值	−1.676	1.412	.000	1.000	16
预测值的标准误	.620	1.228	.849	.191	16
调整的预测值	20.4665	53.0159	38.9741	10.61319	16
残差	−4.43634	4.01016	.00000	2.37343	16
标准残差	−1.806	1.632	.000	.966	16
学生化残差	−1.882	1.820	.017	1.037	16
已删除的残差	−4.82067	4.98414	.08844	2.74234	16
学生化的已删除残差	−2.099	2.007	.006	1.100	16

续表

	极小值	极大值	均值	标准差	N
Mahal。距离	.017	2.808	.938	.852	16
Cook 的距离	.001	.402	.080	.111	16
居中杠杆值	.001	.187	.063	.057	16

a：因变量——工业总产值。

6) 回归标准化残差的直方图

回归标准化残差直方图如图 7.10 所示，正态曲线也被显示在直方图上，用以判断标准化残差是否呈正态分布。由于本例的样本量太少，所以以此难以做出判断。

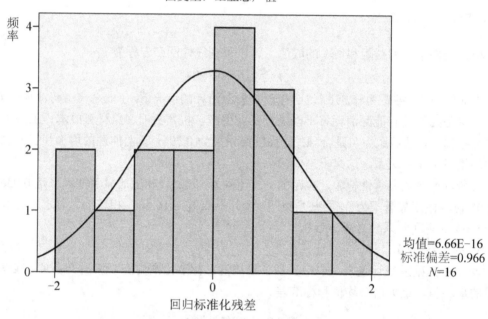

图 7.10　回归标准化残差的直方图

7) 回归标准化的正态 P-P 图

回归标准化的正态 P-P 图如图 7.11 所示。该图给出了观察值的残差分布与假设的正态分布的比较，如果标准化残差呈正态分布，则标准化的残差散点应分布在直线上或靠近直线。

8) 因变量与回归标准化预测值的散点图

图 7.12 显示的是因变量与回归标准化预测值的散点图，其中，DEPENDENT 为 y 轴变量，ZPRED 为 x 轴变量，两变量呈直线趋势。

回归标准化残差的标准P-P图

因变量：工业总产值

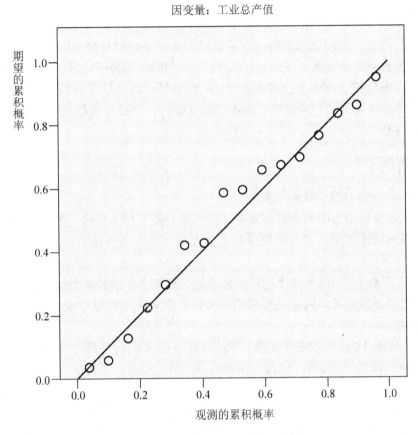

图7.11 回归标准化的正态 P-P 图

散点图

因变量：工业总产值

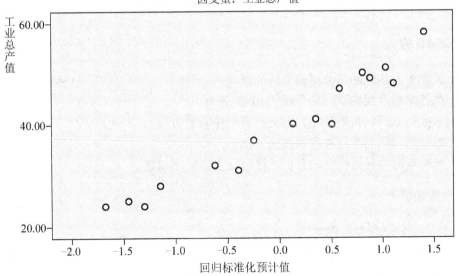

图7.12 因变量与回归标准化预测值的散点图

7.2.5 实验总结

回归分析有着严格的适用条件，不满足适用条件不能轻易使用回归分析，运用 SPSS 的相关操作检验数据是否满足回归分析的条件十分重要。清楚回归分析的一般步骤和流程，并能够利用 SPSS 按照回归分析的步骤完成回归分析，特别是最后的残差分析，残差分析是对回归模型非常重要的一项检验，是不能被省略的，必须要根据残差分析的结果对模型做出适当的调整。

7.2.6 思考与练习

(1) 回归分析的一般步骤是什么？
(2) 若回归分析结果中的 DW 值落在了残差序列相关的区间内，如何修正？
(3) 若通过诊断结果，发现有强影响点或高杠杆点，是否将所有这些异常的样本点全部剔除？
(4) 残差序列的正态概率图或柱状图呈现什么形状才能满足模型假定？
(5) 如何检验自变量与随机误差项的相关性？在一元回归模型中是否允许自变量与随机误差项相关？
(6) 某单位对 12 名女工进行体检，体验项目包括体重(kg)和肺活量(L)，数据如下：体重/kg：42.00 42.00 46.00 46.00 46.00 50.00 50.00 50.00 52.00 52.00 58.00 58.00
肺活量/L：2.55 2.20 2.75 2.40 2.80 2.81 3.41 3.10 3.46 2.85 3.50 3.00
利用 x 表示体重，y 表示肺活量，建立数据文件。利用一元线性回归分析描述其关系(见数据文件"7-2.练习.sav")。

7.3 多元线性回归分析

7.3.1 实验目的

(1) 理解多元线性回归分析的方法原理。
(2) 熟练掌握多元线性回归分析的 SPSS 操作。
(3) 掌握样本回归系数和回归方程显著性检验的方法。
(4) 掌握利用回归方程进行预测的方法。
(5) 能够运用多元线性回归分析方法解决实际经济问题。

7.3.2 准备知识

1. 多元回归模型与回归方程

设因变量为 y，k 个自变量分别为 $x_1, x_2, \cdots, x_k$，描述因变量 y 如何依赖于自变量 $x_1, x_2, \cdots, x_k$ 和误差项 ε 的方程称为多元回归模型。其一般形式可表示为

$$y = \beta_0 + \beta_1 x_1 + \beta_2 x_2 + \cdots + \beta_k x_k + \varepsilon$$

式中，$\beta_0, \beta_1, \beta_2, \cdots, \beta_k$ 是模型的参数，ε 为误差项。误差项反映了除 $x_1, x_2, \cdots, x_k$ 与 y 的线性关系之外的随机因素对 y 的影响，是不能由 $x_1, x_2, \cdots, x_k$ 与 y 之间的线性关系所解释的变异性。

回归方程中的参数 $\beta_0, \beta_1, \cdots, \beta_k$ 是未知的，需要利用样本数据去估计它们。当用样本统计量 $\hat{\beta}_0, \hat{\beta}_1, \hat{\beta}_2, \cdots, \hat{\beta}_k$ 去估计回归方程中的未知参数 $\beta_0, \beta_1, \beta_2, \cdots, \beta_k$ 时，就得到了估计的多元回归方程，其一般形式为

$$\hat{y} = \hat{\beta}_0 + \hat{\beta}_1 x_1 + \hat{\beta}_2 x_2 + \cdots + \hat{\beta}_k x_k + \varepsilon$$

式中，$\hat{\beta}_0, \hat{\beta}_1, \hat{\beta}_2, \cdots, \hat{\beta}_k$ 是参数 $\beta_0, \beta_1, \beta_2, \cdots, \beta_k$ 的估计值，$\hat{y}$ 是因变量 y 的估计值。其中的 $\hat{\beta}_0, \hat{\beta}_1, \hat{\beta}_2, \cdots, \hat{\beta}_k$ 称为偏回归系数。

多元线性回归除了要满足一元线性回归要满足的条件，还需要额外增加一个条件：自变量之间是互不相关的。

2. 线性关系检验

多元线性关系检验是检验因变量与个自变量之间的关系是否显著，也称为总体显著性检验。检验的具体步骤如下。

1) 提出假设

$$H_0: \beta_1 = \beta_2 = \cdots = \beta_k = 0$$
$$H_1: \beta_1, \beta_2, \cdots, \beta_k \text{至少有一个不等于 0}$$

2) 计算检验的统计量 F

$$F = \frac{SSR/k}{SSE/n-k-1} \sim F(k, n-k-1)$$

3) 做出统计决策

给定显著性水平 α，根据分子自由度 k，分母自由度 $n-k$ 1 查 F 分布表得 F_α。若 $F > F_\alpha$，则拒绝 H_0；若 $F < F_\alpha$，则不拒绝 H_0。根据 SPSS 输出的结果，可直接利用 P 值做出决策：若 $P < \alpha$，拒绝 H_0；若 $P > \alpha$，则不拒绝 H_0。

3. 回归系数检验

在回归方程通过线性关系检验后，就可以对各个回归系数 β_i 有选择性地进行一次或多次检验。回归系数检验的具体步骤如下。

1) 提出假设

对于任意参数 $\beta_i (i = 1, 2, \cdots, k)$，有

$$H_0: \beta_i = 0$$
$$H_1: \beta_i \neq 0$$

2) 计算检验的统计量

$$t_i = \frac{\hat{\beta}_i}{s_{\hat{\beta}_i}} \sim t(n-k-1)$$

式中，$s_{\hat{\beta}_i}$ 是回归系数的抽样分布的标准差，即

$$s_{\hat{\beta}_i} = \frac{s_e}{\sqrt{\sum x_i^2 - \frac{1}{n}(\sum x_i)^2}}$$

3) 做出统计决策

给定显著性水平 α，根据自由度 $n-k-1$ 查 t 分布表得 $t_{\alpha/2}$。若 $|t| > t_{\alpha/2}$，则拒绝 H_0；若 $|t| < t_{\alpha/2}$，则不拒绝 H_0。

4. 多元线性回归分析的基本步骤

(1) 确定因变量与自变量，并初步设定多元线性回归方程。
(2) 估计参数，确定估计多元线性回归方程。
(3) 利用检验统计量对回归预测模型进行各项显著性检验。
(4) 检验通过后，可利用回归模型进行预测，分析评价预测值。

7.3.3 实验内容

某研究机构为研究儿童的智力状况，调查了 16 所小学的平均语言测试得分(y)与家庭社会经济状况综合指标($x1$)、教师语言测试得分($x2$)及母亲教学水平($x3$)的数据，如表 7-10 所示。试进行多元回归分析(见数据文件"7-3.sav")。

表 7-10 小学的平均语言测试得分数据

平均语言测试得分(y)	家庭综合指数(x1)	教师语言测验分(x2)	母亲教育水平(x3)
37.01	7.20	26.60	6.19
26.51	−11.70	24.40	5.17
36.51	12.32	25.70	7.04
40.70	14.28	25.70	7.10
37.10	6.31	25.40	6.15
41.80	12.70	24.90	6.85
33.40	−0.17	25.10	5.78
44.01	9.85	26.60	6.51
23.30	−12.86	23.51	5.62
34.90	4.77	24.51	5.80
33.10	−0.96	25.80	6.19
22.70	16.04	25.20	5.62
39.70	10.62	25.10	6.94
31.80	2.60	25.01	6.33
31.70	−10.99	24.80	6.01
43.10	15.03	25.51	7.51

7.3.4 实验步骤

1. 多元线性回归分析的 SPSS 操作步骤

(1) 选择【分析(Analyze)】→【回归(Regression)】→【线性(Linear)】命令，打开如

图 7.13 所示的"线性回归"对话框。

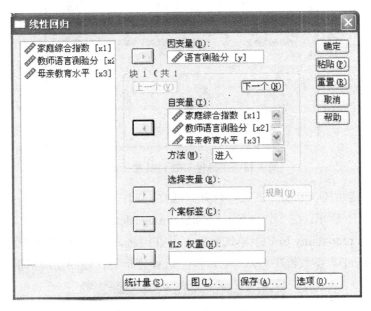

图 7.13 "线性回归"对话框

将变量 y 选入"因变量(Dependent)"列表框中,作为线性回归分析的被解释变量,将变量 $x1$、$x2$、$x3$ 选入"自变量(Independent)"列表框中,作为解释变量。在"方法(Method)"下拉列表中指定自变量进入分析的方式,通过选择不同的方法,可对相同的变量建立不同的回归模型。建立多元回归的方法有以下 5 种。

① 进入(Enter):全部备选变量一次进入回归模型。

② 逐步(Stepwise):在每一步中,一个最小概率(概率小于设定值)的变量将引入回归方程。若已经引入回归方程的变量的概率大于设定值,将被剔除出回归方程。当无变量被引入或被剔除时,则终止回归过程。

③ 移去(Remove):将所有不进入方程模型的备选变量一次剔除。

④ 向后(Backward):一次性将所有变量引入方程,并依次进行剔除,首先剔除与因变量最小相关且符合提出标准的变量,然后剔除第二个与因变量最小相关并且符合提出标准的变量,依此类推,当方程的变量均不满足剔除标准时,则终止回归过程。

⑤ 向前(Forward):被选变量依次进入回归模型,首先引入与因变量最大相关且符合引入标准的变量,引入第一个变量后,然后引入第二个与因变量最大偏相关并且符合引入标准的变量,依此类推。当无变量符合引入标准时,则回归过程终止。

本例选择"进入(Enter)"选项。

(2) 单击"统计量(Statistics)"按钮,打开"线性回归:统计量(Linear Regression:Statistics)"对话框,如图 7.14 所示。依次勾选"估计(Estimates)"、"模型拟合(Model fit)"、"描述性(Descriptives)"复选框并设置残差(Residuals)。设置完毕后,单击"继续(Continue)"按钮返回"线性回归"对话框。

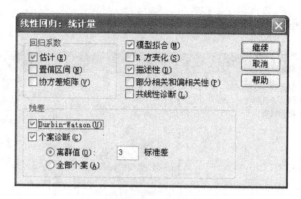

图 7.14　"线性回归:统计量"对话框

(3) 单击"选项(Options)"按钮，打开"线性回归：选项(Linear Regression:Options)"对话框，如图 7.15 所示。在"步进方法标准(Stepping Method Criteria)"选项区域中选中"使用 F 的概率(Use probability of F)"单选按钮，并在"进入(Entry)"参数框中输入"0.10"，在"删除(Removal)"参数框中输入"0.11"。选择完毕后，返回主对话框。

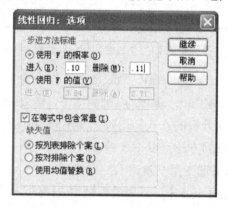

图 7.15　"线性回归:选项"对话框

(4) 单击"确定(OK)"按钮，执行多元线性回归分析操作。

2. 多元线性回归分析的结果

1) 描述性统计量

表 7-11 是加权最小二乘回归分析的描述性统计量表，该表显示各个变量的全部观察量的均值、标准差和观察量总数 N。

表 7-11　描述统计量

	均值	标准差	N
语言测验分	34.8338	6.55982	16
家庭综合指数	4.6900	9.67199	16
教师语言测验分	25.2400	.78183	16
母亲教育水平	6.3006	.64610	16

2) 相关系数矩阵表

表 7-12 是相关系数矩阵表，该表显示各变量间的相关系数，以及关于相关关系等于零的假设的单尾显著性检验 P 值及例数 N。

表 7-12 相关性

		语言测验分	家庭综合指数	教师语言测验分	母亲教育水平
Pearson 相关性	语言测验分	1.000	.598	.613	.809
	家庭综合指数	.598	1.000	.585	.693
	教师语言测验分	.613	.585	1.000	.465
	母亲教育水平	.809	.693	.465	1.000
显著性(单侧)	语言测验分	.	.007	.006	.000
	家庭综合指数	.007	.	.009	.001
	教师语言测验分	.006	.009	.	.035
	母亲教育水平	.000	.001	.035	.
N	语言测验分	16	16	16	16
	家庭综合指数	16	16	16	16
	教师语言测验分	16	16	16	16
	母亲教育水平	16	16	16	16

从表中看到因变量 y 与自变量 $x1$、$x2$、$x3$ 之间相关系数依次为 0.598、0.613、0.809，反映语言测验分与家庭综合指数、教师语言测验分、母亲教育水平之间存在显著的相关关系。

3) 引入/剔除变量表

表 7-13 显示的是变量的引入和剔除，并且显示出引入和剔除的标准。从表中可见，模型最先引入变量 $x3$，第二个引入模型的是变量 $x2$，没有变量被剔除，说明解释变量都是显著并且是有说服力的。

表 7-13 输入/移去的变量(b)

模 型	输入的变量	移去的变量	方 法
1	母亲教育水平，教师语言测验分，家庭综合指数(a)	.	输入

a：已输入所有请求的变量。
b：因变量——语言测验分。

4) 模型概述表

表 7-14 给出了模型整体拟合效果概述，模型的复相关系数是 0.855，反映了因变量与自变量之间具有显著的线性关系。校正的可决系数是 0.663，估计值的标准误差是 3.8069，杜宾-瓦特森检验统计量 DW 等于 2.04，杜宾-瓦特森检验统计量 DW 是一个用于检验一阶变量自回归形式的序列相关问题的统计量，DW 在数值 2 到 4 之间的附近说明模型变量无序列相关。

表 7-14　模型摘要(b)

模型	R	R方	调整的R方	估计的标准差	Durbin-Watson
1	.855(a)	.731	.663	3.80690	2.040

a：预测变量—(常量)，母亲教育水平，教师语言测验分，家庭综合指数。
b：因变量—语言测验分。

5) 方差分析表

表 7-15 给出了方差分析表，可以看到模型的 F 统计量的值为 10.846，显著性水平的 P 值为 0.001，小于 0.05，于是模型通过了显著性检验，也就是说，因变量与自变量之间的线性关系明显。

表 7-15　ANOVA(b)

模型		平方和	df	均方	F	显著性
1	回归	471.559	3	157.186	10.846	.001(a)
	残差	173.910	12	14.492		
	合计	645.468	15			

a：预测变量—(常量)，母亲教育水平，教师语言测验分，家庭综合指数。
b：因变量—语言测验分。

6) 回归系数表

表 7-16 给出了回归系数表和变量显著性检验的 t 值，可以看出，变量 $x1$(家庭综合指数)的 t 值太小，没有达到显著性水平，因此要将这个变量剔除。从这里可以看到，模型虽然通过了显著性检验，但很有可能不能通过变量的显著性检验。

表 7-16　系数(a)

模型		非标准化系数		标准化系数	t	显著性
		B	标准误	Beta		
1	(常量)	-81.892	39.816		-2.057	.062
	家庭综合指数	-.066	.155	-.098	-.428	.676
	教师语言测验分	2.809	1.558	.335	1.802	.097
	母亲教育水平	7.324	2.120	.721	3.454	.005

a：因变量—语言测验分。

从上述分析结果看，模型需要剔除 x1(家庭综合指数)，用本实验的方法和步骤重新令 y 对 $x2$ 和 $x3$ 回归，得到的主要结果如表 7-17、表 7-18、表 7-19 所示，从中可以看出，剔除 x1 后，模型拟合优度为 0.726，比原来有所降低，而方差分析的 F 检验与原来模型相同，都通过了模型设定检验，新模型与原来模型相比，各个系数都通过了显著性 T 检验，因此更加合理。根据新模型建立的多元线性回归方程为

$$y = -71.917 + 2.534x_2 + 6.792x_3$$

第7章 相关与回归分析

表7-17 模型摘要

模型	R	R方	调整的R方	估计的标准差
1	.852(a)	.726	.684	3.68534

a：预测变量—(常量)，教师语言测验分，母亲教育水平。

表7-18 ANOVA(b)

模型		平方和	df	均方	F	显著性
1	回归	468.905	2	234.453	17.262	.000(a)
	残差	176.563	13	13.582		
	合计	645.468	15			

a：预测变量—(常量)，教师语言测验分，母亲教育水平。
b：因变量—语言测验分。

表7-19 系数(a)

模型		非标准化系数		标准化系数	t	显著性
		B	标准误	Beta		
1	(常量)	−71.917	31.246		−2.302	.039
	母亲教育水平	6.792	1.663	.669	4.084	.001
	教师语言测验分	2.534	1.374	.302	1.844	.088

a：因变量—语言测验分。

7.3.5 实验总结

多元回归和一元回归的区别在于自变量数目不同，回归的步骤基本相同。但多元回归有着自己独有的问题：自变量共线性问题。理解多重共线性的含义，多重共线性产生的原因，不良后果和掌握解决多重共线性的方法都是十分重要的。

7.3.6 思考与练习

(1) 一元和多元线性回归的适用条件是什么，两者有什么差异？回归模型是如何建立的？

(2) 如果选取的自变量出现了多重共线性，如何修正模型？

(3) 为什么对多元线性回归的多重可决系数要作修正？

(4) 在多元线性回归中，对参数作了T检验以后为什么还要做方差分析和F检验？

(5) 某地区1973—1990年水稻产量和水稻播种面积、化肥使用量、生猪存栏数以及水稻扬花期降雨量的数据资料如表7-20所示(见数据文件"7-3.练习.sav")。

表7-20 某地区1973—1990年水稻产量与各因素数据

年份	y 总产量	x1 播种面积	x2 化肥使用量	x3 生猪存栏数	x4 扬花期降雨量
1973	154.50	147.00	2.00	15.0	27.0

续表

年份	y 总产量	x1 播种面积	x2 化肥使用量	x3 生猪存栏数	x4 扬花期降雨量
1974	200.00	148.00	3.00	26.0	38.0
1975	227.50	154.00	5.00	33.0	20.0
1976	200.00	157.00	9.00	38.0	33.0
1977	208.00	153.00	6.50	41.0	43.0
1978	229.50	151.00	5.00	39.0	33.0
1979	265.50	151.00	7.50	37.0	46.0
1980	229.00	154.00	8.00	38.0	78.0
1981	303.50	155.00	13.50	44.0	52.0
1982	270.50	155.00	18.00	51.0	22.0
1983	298.50	156.00	23.00	53.0	39.0
1984	229.00	155.00	23.50	51.0	28.0
1985	309.50	157.00	24.00	51.0	46.0
1986	309.00	156.00	30.00	52.0	59.0
1987	371.00	159.00	48.00	52.0	70.0
1988	402.50	164.00	95.50	57.0	52.0
1989	429.50	164.00	93.00	68.0	36.0
1990	427.50	156.00	97.50	74.0	37.0

数据中有18个观测样本，代表了1973到1990共18个年份，有6个变量：$x1$(水稻播种面积)、$x2$(化肥使用量)、$x3$(生猪存栏数)、$x4$(水稻扬花期降雨量)、y(水稻产量)以及年份，为上述数据建立 SPSS 数据文件，并用线性回归分析为该地区水稻产量寻求一个恰当的回归模型，分析产量与对它具有显著影响的因素之间的关系。

第 8 章 时间序列分析

时间序列分析是现代理论和应用统计中最活跃的分支之一，目前在经济和金融领域有着广泛的应用。直观地讲，时间序列指随时间变化、具有随机性的且前后相互关联的动态数据序列，它是依特定时间间隔而记录的一系列取值，对时间序列进行观察、研究，找寻它变化发展的规律，预测它将来的走势就是时间序列分析，研究问题包括：长期变动趋势、季节性变动规律、周期变动规律，以及预测未来时刻的发展和变化等。时间序列分析又可分为时域分析与频域分析两大部分，它们的研究手段包括：建立时间序列模型、参数估计、最佳预测和控制、谱估计等，特别对于自回归模型、滑动平均模型、自回归及滑动平均模型有着一套比较完整的统计理论。本章实验主要介绍平稳时间序列模型和 ARIMA 模型。

8.1 平稳时间序列模型

8.1.1 实验目的

(1) 准确理解时间序列分析的方法原理。
(2) 学会使用 SPSS 建立时间序列变量。
(3) 学会使用 SPSS 绘制时间序列图以反映时间序列的直观特征。
(4) 掌握时间序列模型的平稳化方法。
(5) 掌握时间序列模型的定价方法。
(6) 学会使用 SPSS 建立平稳时间序列模型并进行短期预测。

8.1.2 准备知识

1. 时间序列的含义和分类

时间序列是同一现象在不同时间上的相继观察值排列而成的序列。经济数据中大多数以时间序列的形式给出。时间序列可以分为平稳序列和非平稳序列两大类。平稳序列是基本上不存在趋势的序列，这类序列中的各观察值基本上在某个固定的水平上波动；非平稳序列是包含趋势、季节性或周期性的序列，它可能只含有其中的一种成分，也可能是几种成分的组合，因此，非平稳序列又可分为有趋势的序列、有趋势和季节性的序列，几种成分混合而成的复合型序列。

2. 时间序列的平稳性

时间序列数据可以看做是随机过程的一个样本,需要根据如下要求判断它是否平稳:①均值不随时间变化;②方差不随时间变化;③自相关系数只与时间间隔有关,而与所处的具体时刻无关。具体的方法有数据图检验法,自相关、偏自相关函数检验法,特征根检验法,参数检验法,逆序检验法,游程检验法等。其中,自相关、偏自相关函数检验法是比较常用的方法。

自相关、偏自相关函数检验法的检验准则是:如果一个序列零均值化后的自相关函数或偏自相关函数截尾或者拖尾,则可以判断该序列是平稳的。若该序列的自相关函数或偏自相关函数出现了缓慢衰减或周期性的衰减的情况,则说明该序列出现了某种趋势或周期性,为非平稳时间序列。

对于非平稳时间序列,需要将其平稳化。平稳化的方法主要有差分、季节差分、对数变换与差分运算的结合运用等。其中,差分用于消除时间序列的趋势性。一般来说,一次差分可以将序列中的线性趋势去掉,二次差分可以将序列中的抛物线趋势去掉,依此类推。季节差分则用于消除时间序列的周期性。

3. ARMA 模型

对于宽平稳时间序列,能够用 ARMA 模型来描述,ARMA 模型具体又可分为 AR(p)、MA(q) 和 ARMA(p,q) 三类模型。

P 阶自回归模型 $AR(p)$:

$$X_t = \varphi_1 X_{t-1} + \cdots + \varphi_p X_{t-p} + a_t$$

其中,X_t 为零均值平稳时间序列,a_t 是互不相关的序列,且均值为零,方差为 σ_a^2(即为白噪声序列),一般假定其服从正态分布。

滑动平均模型 $MA(q)$:

$$X_t = a_t - \theta_1 a_{t-1} - \cdots - \theta_q a_{t-q}$$

自回归滑动平均模型 $ARMA(p,q)$:

$$X_t = \varphi_1 X_{t-1} + \cdots + \varphi_p X_{t-p} + a_t - \theta_1 a_{t-1} - \cdots - \theta_q a_{t-q}$$

ARMA 模型的性质如表 8-1 所示。

表 8-1 ARMA 模型的性质

模型	自相关系数	偏自相关系数
AR(p)	拖尾	p 阶截尾
MA(q)	q 阶截尾	拖尾
ARMA(p,q)	拖尾	拖尾

8.1.3 实验内容

表 8-2 为某医院 1981—2003 年恶性肿瘤住院人数,其中 y 为住院人数,t 代表时间序号,数据已按时间顺序排列(见数据文件"8-1.sav")。实验内容是对恶性肿瘤住院人数建立自回归模型,然后进行参数估计,并且用估计的模型预测 2004 年这个医院的恶性肿瘤住院人数。

表 8-2　某医院 1981—2003 年恶性肿瘤住院人数数据

年　份	序　号	住院人数	年　份	序　号	住院人数
1981	1	274	1993	13	888
1982	2	270	1994	14	889
1983	3	253	1995	15	963
1984	4	331	1996	16	1033
1985	5	526	1997	17	938
1986	6	392	1998	18	937
1987	7	365	1999	19	923
1988	8	461	2000	20	1024
1989	9	516	2001	21	1162
1990	10	668	2002	22	1374
1991	11	653	2003	23	1481
1992	12	705			

8.1.4　实验步骤

1. 自回归模型实验的 SPSS 操作步骤

(1) 选择【转换(Transform)】→【创建时间序列(Create Time Series)】命令，打开"创建时间序列(Create Time Series)"对话框，如图 8.1 所示。选择"y"变量，进入"新变量(New Variable)"列表框中，然后在"函数(Function)"下拉列表中选择"滞后(Lag)"选项，在"阶数(Order)"参数框中输入"1"，单击"确定(OK)"按钮，计算机运行后会把新生成的差分变量存入原数据文件，命名为"y_1"。

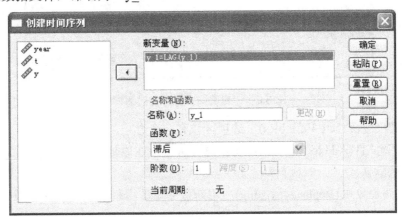

图 8.1　"创建时间序列"对话框

(2) 选择【分析(Analyze)】→【时间序列(Time Series)】→【自回归(Autoregression)】命令，打开"自回归(Autoregression)"对话框，如图 8.2 所示。

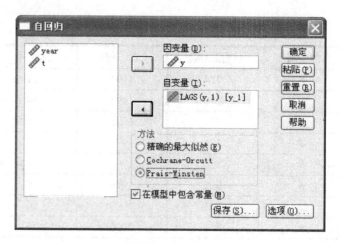

图 8.2　"自回归"对话框

选择"y"变量进入"因变量(Dependent)"列表框中,然后选择"y_1(住院人数滞后一阶)"变量进入"自变量"(Independent)列表框中。在"方法(Method)"选项区域中选中"Prais-Winsten(普莱斯−韦斯特法)"单选按钮,也可选择另外两种方法,一般情况下 3 种方法得到的结果很相似,因此任选一种不影响结果。

(3) 单击"保存(Save)"按钮,打开"自回归:保存(Autoregression: Save)"对话框,如图 8.3 所示。

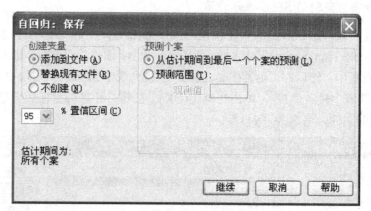

图 8.3　"自回归:保存"对话框

在"创建变量(Create Variables)"选项区域有 3 个选项。

① 添加到文件(Add to file):选项将新建变量存放在原数据文件中,是系统默认的,本实验选择系统默认。

② 替换现有文件(Replace existing):用新建变量数据替代数据文件中原先存在的计算结果。

③ 不创建(Do not create):在原数据文件中不建立新变量。

在"%置信区间(%Confidence Intervals)"下拉列表中可以设定置信区间,可在 90、95 和 99 3 个值中选择一个,系统默认值是 95。这里按照系统默认进行设置,也可根据需要设置其他的显著性水平的置信区间。

第8章 时间序列分析

(4) 单击"继续(Continue)"按钮,返回"自回归"对话框,单击"选项(Options)"按钮,打开"自回归:选项(Autoregression: Options)"对话框,如图 8.4 所示。

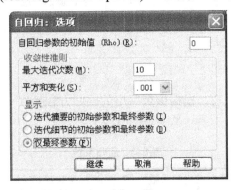

图 8.4 "自回归:选项"对话框

在"自回归参数的初始值(Initial Value of Autoregressive Parameter)"参数框可以选择或指定自回归参数的 Rho 的初始值,该值可以是-1 和 1 之间的任何值,取高值可使时间序列每个数值尽可能接近其前一个值的特点。

"收敛性准则(Convergence Criteria)"选项区域中可以选择收敛标准,确定迭代在哪一步停止。

① 最大迭代次数(Maximum iterations):在参数框中输入一个表明迭代终止时运算次数的正整数,迭代到此次数后,即使运算还未收敛,也停止运算,系统默认值为10。

② 平方和变化(Sun of squares change):从平方和变化一览表中挑选值,当每次迭代平方与前一次迭代相比的变化量比选定的百分比更少的时候,迭代运算终止。用户可以选择一个更大或更小的参数估计的精度,以提高精度增加迭代次数。

"显示(Display)"选项区域控制在输出过程中的打印信息,有如下几个选项。

① 迭代摘要的初始参数和最终参数(Initial and Final Parameters with Iteration Summary):显示最初和最终参数估计、最适似合优度统计、迭代次数、迭代运算终止的原因。

② 迭代细节的初始参数和最终参数(Initial and Final Parameters with Iteration Details):显示最初和最终参数估计、在每次迭代后的参数估计、最适拟合优度统计、迭代次数、迭代运算终止的理由。

③ 仅最终参数(Final Parameters Only):显示最终参数估计及最适拟合优度统计。

在实际操作中可以根据需要和上面对选项的介绍自行设定,本实验选中"仅最终参数"单选按钮。单击"继续(Continue)"按钮,回到"自回归"对话框,单击"确定(OK)"按钮,进入计算分析。

2. 自回归模型结果分析

1) 模型拟合摘要

表 8-3 所示为模型拟合摘要,主要的是 Durbin-Watson 参数,本次实验为 1.983,这说明残差自相关问题得到结果。拟合优度系数(R 方)接近 1,说明模型拟合情况良好。利用此模型进行预测的结果应该是可靠的。

表 8-3 模型拟合摘要

R	R方	调整R方	估计值的标准误	Durbin-Watson
.966	.933	.926	94.736	1.983

使用了 Prais-Winsten 估计方法。

2) 回归系数表

表 8-4 所示是回归系数表，根据该表写出的回归方程为

$$X_t = 1.038 X_{t-1} + 27.657$$

表 8-4 回归系数

	未标准化的系数		标准化系数	t	Sig
	B	标准误差	Beta		
LAGS(y,1)	1.038	.064	.966	16.251	.000
（常数）	27.657	49.518		.559	.583

使用了 Prais-Winsten 估计方法。

用得到的回归方程来预测 2004 年的恶性肿瘤住院人数，将 2003 年的住院人数 1 481 代入方程作为 X_{t-1}，得到 2004 年的恶性肿瘤住院人数的预测值为 1 565 人。

8.1.5 实验总结

本实验主要介绍了根据时间序列数据建立自回归模型的 SPSS 操作方法，根据建立的模型对时间序列进行短期预测。

8.1.6 思考与练习

(1) 平稳时间序列在时序图中有什么表现，在自相关图和偏相关图中又有什么表现？
(2) 在对时间序列进行 ARMA 模型拟合时，关键是什么？
(3) 自回归模型建立过程中，自变量如何确定？
(4) 数据文件"8-1.练习.sav"记录了我国 1992—2002 年彩电出口量的月度数据，图 8.5 给出了部分数据，变量"amounts"表示彩电出口数量，变量"money"表示的是出口额，试对彩电出口量和出口额分别建立自回归模型，并用估计后的模型预测 2003 年的彩电出口量和出口额。

	year_	month_	date_	amounts	money
1	1992	1	JAN 1992	125313.0	16285095.00
2	1992	2	FEB 1992	137269.0	20371524.00
3	1992	3	MAR 1992	244490.0	34578394.00
4	1992	4	APR 1992	287543.0	39467686.00
5	1992	5	MAY 1992	324499.0	46677417.00
6	1992	6	JUN 1992	311067.0	39030066.00
7	1992	7	JUL 1992	259425.0	30651585.00
8	1992	8	AUG 1992	329819.0	43339050.00
9	1992	9	SEP 1992	434853.0	48909992.00
10	1992	10	OCT 1992	429448.0	55413157.00
11	1992	11	NOV 1992	632888.0	67487921.00
12	1992	12	DEC 1992	772799.0	86352117.00

图 8.5 数据集 8-1.练习.sav 中的部分数据

8.2 ARIMA 模型

8.2.1 实验目的

(1) 了解 ARIMA 模型的基本思想和基本特点。
(2) 理解模型中 3 个主要参数的含义。
(3) 对于一个特定的实际时间序列数据，能够正确设置参数，建立正确的模型。
(4) 运用 SPSS 拟合 ARIMA 模型，能够对分析结果进行合理的解释。

8.2.2 准备知识

1. ARIMA 模型

对于非平稳时间序列，一般含有趋势或者季节因素，此时需用 ARIMA 模型。ARIMA 模型是时间序列分析中最为常用的模型，它包含 3 个主要的参数：自回归阶数(p)、差分阶数(d)和移动平均阶数(q)，一般模型的形式记为 ARIMA(p,d,q)。ARIMA 模型对于非平稳时间序列采用的方法是采用差分运算提取序列的趋势信息，采用季节差分运算提取序列中的季节信息，最终把序列变为平稳序列，再利用 ARMA 模型对此变换成平稳序列进行拟合。

2. 差分运算

(1) 一阶差分。ARIMA 模型需要用到差分工具，用原序列的每一个观察值减去其前面的一个观察值，就形成原序列的一阶差分序列。

一阶差分：$\nabla^1 X_t = X_t - X_{t-1}$

d 阶差分：$\nabla^d X_t = (1-B)^d X_t = \sum_{i=0}^{d}(-1)^i C_d^i X_{t-i}$

一阶差分可以消除原序列存在的线性趋势，大部分经济时间序列进行一阶差分或二阶差分后都可以变为平稳序列。但有时候需要进行高阶差分才能够使得变换后的时间序列平稳。

(2) 季节差分。对于季节性的时间序列，进行季节差分可以消除季节成分。

季节差分：$\nabla_k = X_t - X_{t-k}$

季节差分中 k 一般取一年的一个周期，即对于月度数据 $k=12$，对于季度数据 $k=4$，依此类推。

3. 建立 ARIMA 模型的一般步骤

(1) 通过差分或其他变换，使时间序列满足平稳性的要求。
(2) 模型识别。主要是利用 ACF、PACF 和 AIC 等序列估计模型的大致类型，并给出几个初步模型以待进一步验证和完善。
(3) 参数估计和模型诊断。对识别阶段所给初步模型的参数进行估计及假设检验，并对模型的残差序列作诊断分析，以判断模型的合理性。
(4) 预测。利用最优模型对序列的未来取值或走势进行预测。

在以上步骤中,模型识别、参数估计及模型诊断的过程通常都是不断反馈、逐步完善的过程。

8.2.3 实验内容

现收集了中国 1992 年 1 月至 2002 年 12 月出口激光唱片机的数据,判断出口量是否平稳,并拟合 ARIMA 模型(见数据文件"8-2.sav")。

8.2.4 实验步骤

1. 时间序列分析的 SPSS 操作步骤

1) 建立时间序列

打开数据集,定义时间序列变量,本实验中应当定义的时间序列变量为激光唱片机的出口量。

定义时间序列周期。选择【数据(Data)】→【定义日期(Define Dates)】命令,打开如图 8.6 所示的"定义日期(Define Dates)"对话框,在此对话框中定义时间序列周期。由于本实验数据的周期为月,所以在"个案为(Cases Are)"列表框中选择"年份、月份(Years,months)"选项,并填入时间序列的起始年月"1992"、"1"。定义完时间以后,回到数据 8-2.sav,可以看到产生了 3 个新的变量:year_、month_和 date_,这就是时间变量。

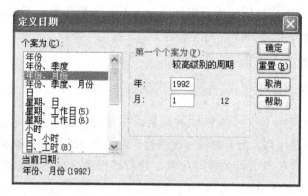

图 8.6 "定义日期"对话框

2) 时间序列平稳性判断

选择【图形(Graphs)】→【时序图(Sequence Chart)】命令,打开如图 8.7 所示的"序列图(Sequen Cechart)"对话框,将"出口量[amounts]"选入"变量(Variables)"列表框中,将"DATE.FORMAT"选入"时间轴标签(Time Axis Labels)"列表框中,单击"确定(OK)"按钮。

选择【图形(Graphs)】→【时间序列图(Time Series)】→【自相关图(Autocorrelations)】命令,打开如图 8.8 所示的"自相关(Autocorre lations)"对话框,将变量"出口量[amounts]"选入"变量"列表框中,勾选"自相关"和"偏相关"复选框,单击"确定(OK)"按钮完成操作。

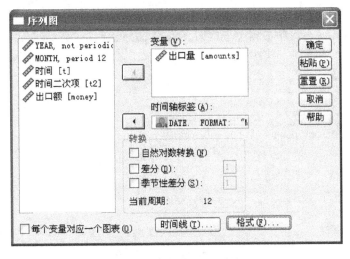

图 8.7 "序列图"对话框

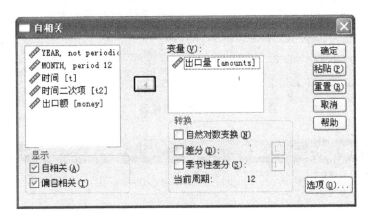

图 8.8 "自相关"对话框

3) ARIMA 模型的建立

本实验数据既有趋势信息,又有季节信息,因此要对数据做一阶差分和一阶季节差分,并对数据进行对数变换,在此基础上用自相关函数和偏相关函数来验证序列的平稳性,并对 ARIMA 进行定价,方法参考(2),在此省略。至于具体模型选择,可根据可决系数和标准化 BIC 的值来进行判断,可决系数越高,BIC 值越小的模型拟合效果越好。通过模型的拟合操作,ARIMA(1,1,1,1,1,0)拟合效果最好。

模型定价后,就开始对最优模型进行拟合操作:选择【分析(Analysis)】→【时间序列(Time Series)】→【创建模型(Create Model)】命令,打开如图 8.9 所示的对话框,在"变量(Variables)"列表框中选择"出口量",将其作为因变量选入"因变量(Dependent Variables)"列表框中,在"方法(Method)"下拉列表中选择"ARIMA"选项,单击"条件(Criteria)"按钮,打开如图 8.10 所示对话框,在"ARIMA 阶数"。确定模型的结构,此栏有 6 个待设参数,分别对应于 ARIMA(p,d,q,sp,sd,sq)模型中的 6 个参数。在结构栏的二维表格中:非季节性列从上至下的 3 个输入框分别对应于 p、d、q,本实验为 1、1、1;季节性列从上至下的 3 个输入框分别对应于 sp、sd、sq，本实验为 1、1、0；只有定义了序列周期后，季节性列的设置才会生效。

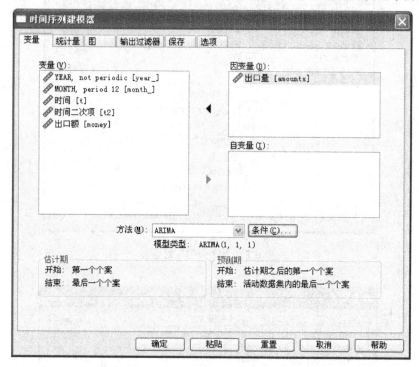

图 8.9　"时间序列建模器"对话框

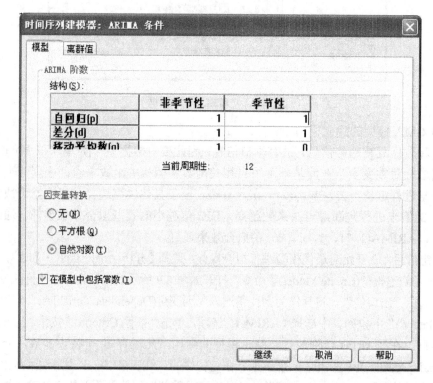

图 8.10　"时间序列建模器:ARIMA 条件"对话框

第8章 时间序列分析

"因变量转换(Dependent Variables Transformation)"选项区域可指定对因变量的变换方法,可选项有如下3个。无:不做变换;平方根:开平方变换;自然对数:自然对数变换。本实验选中"自然对数"单选按钮。

勾选"在模型中包括常数(Include constant in model)"复选框表示在 ARIMA 模型中包括常数项。

单击"继续(Continue)"按钮,返回"时间序列建模器(Time Series Modeler)"对话框。在该对话框中,单击"统计量(Statistics)"按钮,打开如图 8.11 所示的对话框。勾选"R 方"、"拟合优度"、"标准化的 BIC"、"参数估计"复选框,单击"变量(Variables)"按钮,返回图 8.9 所示对话框。

在图 8.9 所示对话框中,选择"图(Plots)"选项卡,如图 8.12 所示,分别勾选每张图显示的内容中的观察值、预测值和拟合值;单击"变量(Variables)"按钮返回图 8.9 所示对话框。

完成上述设置后,单击"确定(OK)"按钮。

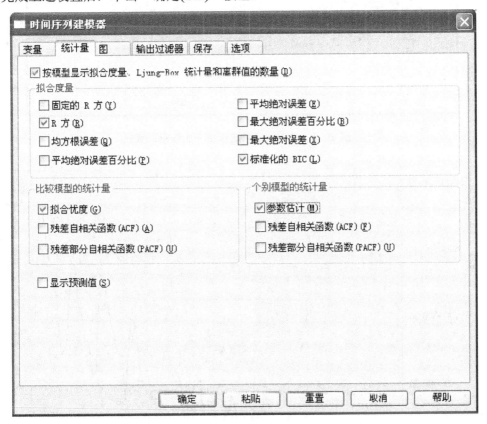

图 8.11 "时间序列建模器"的统计量设置

2. 时间序列分析的结果

1) 模型平稳性判断

从图 8.13 中可以看出,出口量时序图有明显的上升趋势,而且一年内一月出口量小,6 月出口量大,周而复始,把这种一年内周而复始的性质定义为季节性,因此出口量数据有了趋势和季节的规律,就不再是平稳的了。

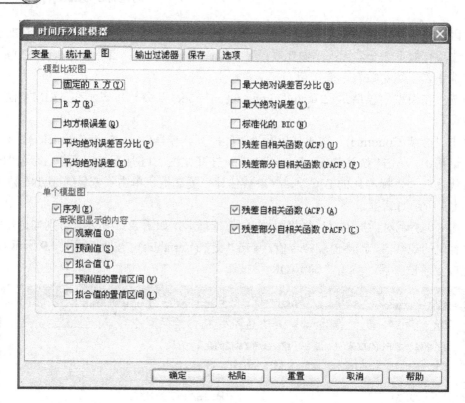

图 8.12 "时间序列建模器"的作图设置

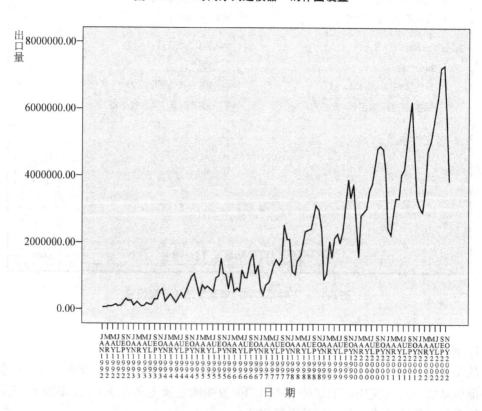

图 8.13 出口量的时序图

图 8.14 和图 8.15 所示是出口序列的自相关函数和偏相关函数,从图中可以看出,出口量数据的自相关函数和偏相关函数没有衰减到 0,因而出口量数据是非平稳的。

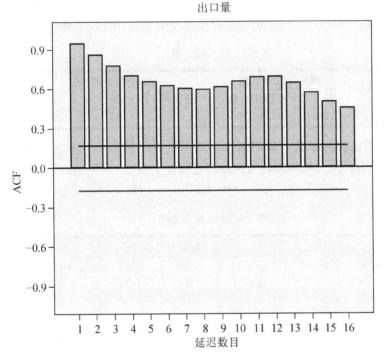

图 8.14　出口量的自相关函数

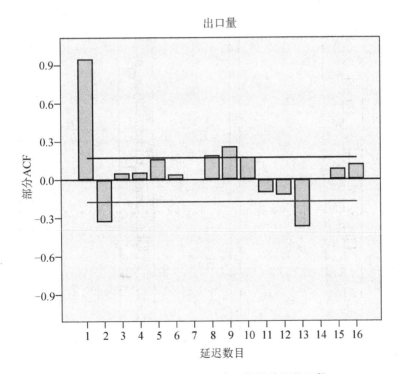

图 8.15　出口量的偏相关函数

2) ARIMA 模型实例结果分析

表 8-5 列出了模型拟合的结果,从表中可以看出,模型拟合效果比较理想,可决系数达到 0.940,说明模型能解释原来序列中 94%的信息,Ljung-Box 统计量的值也是显著的,这些都说明用 ARIMA(1, 1, 1, 1, 1, 0)模型能很好地拟合时间序列数据。

表 8-5 模型统计量

模型	预测变量数	模型拟合统计量		Ljung-Box Q(18)			离群值数
		R方	正态化的BIC	统计量	DF	Sig.	
出口量—模型_1	0	.940	26.123	28.063	15	.021	0

表 8-6 列出了模型估计的结果,可以看到,除常数外,模型的系数都是显著的。从图 8.16 中可看出,残差自相关函数和偏相关函数都近似 0 阶截尾,说明残差是一个近似的白噪声序列,这也说明序列中的相关性信息都被模型提取完全,剩下的都是不相关的序列了。

表 8-6 ARIMA 模型参数

				估计	SE	t	Sig.
出口量－模型_1	出口量	自然对数	常数	-.005	.003	-1.810	.073
			AR 滞后 1	.341	.109	3.120	.002
			差分 1				
			MA 滞后 1	.909	.053	17.209	.000
			AR,季节性 滞后 1	-.499	.081	-6.160	.000
			季节性差分 1				

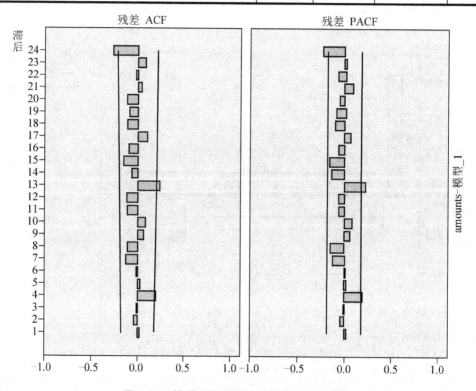

图 8.16 模型残差自相关函数和偏相关函数

模型的拟合效果如图 8.17 所示，细实线为观察值序列，粗实线为拟合值序列，拟合效果非常好，拟合值和观察值几乎重合。

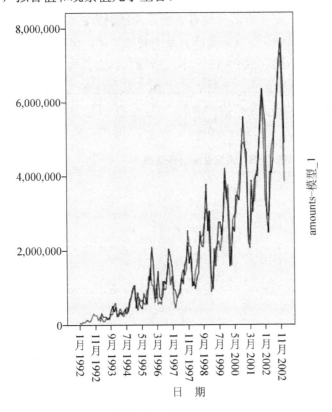

图 8.17 模型拟合值和观察值的时序图

8.2.5 实验总结

本实验给出了 ARIMA 模型拟合一般应遵循的步骤：
(1) 考察观察值序列的特征；
(2) 根据序列的特征选择适当模型；
(3) 根据序列的观察数据确定模型的口径；
(4) 检验模型，优化模型；
(5) 利用拟合好的模型来推断序列其他的统计性质或预测序列将来的发展。

对于平稳的时序数据，学会应用时序图和相关图来判断时间序列的平稳性，并根据相关图中自相关函数和偏相关函数的截尾性，给模型定阶，并进行参数估计。

对于 ARIMA 模型，需要考虑差分和季节差分的阶数，并根据相关图的信息初步确定模型的形式，再根据拟合效果确定最优的模型。另外，理解和掌握时间序列分析的基本思想和 SPSS 操作中输出结果所包含的内容也很重要。

8.2.6 思考与练习

(1) 平稳时间序列在时序图中有什么表现，在自相关图和偏相关图中又有什么表现？
(2) 如何判断时序数据有趋势信息和季节信息，采用何种方法能够提取这些信息？

(3) 你能根据 ARIMA 模型的误差序列判断模型的适应性如何吗？如果模型的误差序列不能满足独立的假设，你该怎么办？

(4) 除了 ARIMA 模型之外，是否有其他更有效的短期预测方法？

(5) 研究人员收集了 1950—1990 年有关天津食品消费的数据，分析这段时间内的人均生活费年收入的变化情况。数据格式如图 8.18 所示，所用数据文件为"8-2.练习.sav"。

	名称	类型	宽度	小数	标签	值	缺失	列	对齐	测量
1	year	数字	8	0	年份	无	无	8	右	尺度
2	food	数字	8	2	人均食物年支出	无	无	8	右	尺度
3	income	数字	8	2	人均生活费年收	无	无	8	右	尺度
4	ratio	数字	8	2	生活费价格指数	无	无	8	右	尺度

图 8.18　天津食品消费数据

第9章 聚类分析和判别分析

分类学是人类认识世界的基础科学。聚类分析和判别分析是研究事物分类的基本方法，广泛地应用于自然科学、社会科学、工农业生产的各个领域。聚类分析又有很多种分类方法。本章主要向读者介绍系统聚类分析、K-均值聚类分析和判别分析的相关内容。

9.1 系统聚类分析

9.1.1 实验目的

(1) 准确理解聚类分析、系统聚类的方法原理。
(2) 熟悉掌握系统聚类分析的 SPSS 操作。
(3) 培养运用系统聚类分析方法解决身边实际问题的能力。

9.1.2 准备知识

1. 聚类的含义

聚类就是把所有的观察对象(cases)分类。使性质相近的对象分在同一个类，性质差异较大的对象分在不同的类。这种聚类也叫 Q 型聚类。

聚类过程中，"性质"由一组变量(variables)代表，把它用一个 p 维向量表示：
$$\bar{x} = (X_1, X_2, \cdots, X_p)'$$

聚类过程中，两个观察对象 $\bar{x}_i$ 和 $\bar{x}_j$ 性质的"差异"程度由它们之间的距离 d_{ij} 来度量。

还有另一种聚类，它是把变量(variables)作为分类对象。这种聚类用在变量数目比较多，而且相关性比较强的情形。目的是将性质相近的变量聚为同一个类，从中找出代表变量。这种聚类叫 R 型聚类。

2. 距离与相似系数

1) 点(观察值，case)到点的距离

设有两个 p 维观察值(点)：
$$\bar{x}_i = (X_{i1}, X_{i2}, \ldots, X_{ip})', \quad \bar{x}_j = (X_{j1}, X_{j2}, \ldots, X_{jp})'$$

在聚类分析中，它们之间的距离有 6 种不同度量方式，分别是欧氏距离(Euclidian Distance)、欧氏距离平方(Squared Euclidian Distance)(SPSS 系统默认的距离)，闵可夫斯基距离(Minkowski)、切比雪夫距离(Chebyshev)、布洛克距离(Block)、自定义距离(Customized)。

2) 相似系数

(1) 皮尔逊相似系数(Pearson)：

$$d_{ij} = \frac{\sum_{k=1}^{p}(X_{ik}-\overline{X}_i)(X_{jk}-\overline{X}_j)}{\sqrt{\sum_{k=1}^{p}(X_{ik}-\overline{X}_i)^2}\sqrt{\sum_{k=1}^{p}(X_{jk}-\overline{X}_j)^2}}$$

其中：

$$\overline{X}_i = \frac{1}{p}\sum_{k=1}^{p}X_{ik}, \quad \overline{X}_j = \frac{1}{p}\sum_{k=1}^{p}X_{jk}$$

(2) 夹角余弦(Cosine)：

$$d_{ij} = \cos(\theta_{ij}) = \frac{\sum_{k=1}^{p}X_{ik}X_{jk}}{\sqrt{\sum_{k=1}^{p}X_{ik}^2}\sqrt{\sum_{k=1}^{p}X_{jk}^2}}$$

相似系数值越大，表示观察对象性质越相近。

3) 类(group)与类之间的距离

类指观察值的集合。两个类之间的距离，用这两个类的特殊点之间的距离来定义。

设有两个类：G_a 和 G_b，它们之间的距离用 $D(a,b)$ 表示。则有以下方法表示这两个类之间的距离。

(1) 最短法：

$$D(a,b) = \min\{d_{ij}|\vec{x}_i \in G_a, \vec{x}_j \in G_b\}$$

(2) 最长法：

$$D(a,b) = \max\{d_{ij}|\vec{x}_i \in G_a, \vec{x}_j \in G_b\}$$

(3) 重心法：

$$\vec{x}_a = \frac{1}{n_a}\sum_{\vec{x}_i \in G_a}\vec{x}_i, \quad \vec{x}_b = \frac{1}{n_b}\sum_{\vec{x}_j \in G_b}\vec{x}_j$$

$(\vec{x}_a, \vec{x}_b)$ 称为类 G_a 和 G_b 的重心，其中的 n_a 和 n_b 分别是 G_a 和 G_b 中包含的观察值的个数。

$$D(a,b) = d_{ab}$$

(4) 类平均法：

$$D(a,b) = \frac{1}{n_a n_b}\sum_{\vec{x}_i \in G_a}\sum_{\vec{x}_j \in G_b}d_{ij}$$

(5) 离差平方和法：

首先定义类 G_s 的直径为

$$D_s = \sum_{\vec{x}_k \in G_s}(\vec{x}_k - \vec{x}_s)'(\vec{x}_k - \vec{x}_s)$$

记 G_a 的直径为 D_a，G_b 的直径为 D_b，$G_{a+b}=G_a \cup G_b$ 的直径为 D_{a+b}，则

$$D^2(a,b) = D_{a+b} - D_a - D_b$$

第9章 聚类分析和判别分析

3. 数据的中心化与标准化

在聚类的时候，由于表示聚类特征的变量往往具有不同的量纲，因此聚类前经常要将其数据标准化。标准化后的数据是无量纲的。SPSS系统默认无标准化。

4. 系统聚类法的基本思想及不同方法介绍

系统聚类的基本思想是：距离相近的样品(或变量)先聚成类，距离相远的后聚成类，过程一直进行下去，每个样品(或变量)总能聚到合适的类中。系统聚类过程是：假设总共有 n 个样品(或变量)，第一步将每个样品(或变量)独自聚成一类，共有 n 类；第二步根据所确定的样品(或变量)，仍各自聚为一类，共聚成 $n-1$ 类；第三步将"距离"最近的两个类进一步聚成一类，共聚成 $n-2$ 类；……以上步骤一直进行下去，最后将所有的样品(或变量)聚成一类。为了直观地反映以上的聚类过程，可以把整个分类系统地画成一张谱系图。

系统聚类由于使用的类间距离不同，产生了不同的聚类方法。主要方法有：组间平均距离法(Between-Groups Linkage)(SPSS系统默认的方法)、最短距离法(Nearest Neighbor)、最长距离法(Furthest Neighbor)、重心法(Centroid Clustering)、离差平方和法(Ward's Mathod)。

9.1.3 实验内容

数据"9-1.sav"，将所列31个西部省市自治区按6项经济指标：教育投入、工业产值、农业产值、就业人数、消费水平、GDP产值用系统聚类法分为3类，距离采用Euclidian distance，数据做z-score标准化，并从平均值角度说明这3类地区的区别。

9.1.4 实验步骤

(1) 选择【分析(analyze)】→【分类(Classify)】→【系统聚类(Hierarchical Cluster)】命令，打开如图9.1所示的"系统聚类分析(Hierarchical Cluster Analysis)"对话框，将上述6个变量选入到"变量(Variable)"列表框中。

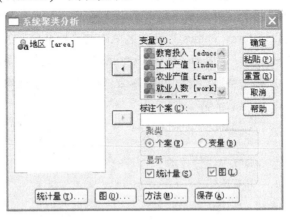

图9.1 "系统聚类分析"对话框

(2) 单击"统计量(Statistics)"按钮，打开如图9.2所示的"系统聚类分析：统计量"对话框。选中"单一方案(Single Solution)"单选按钮，并在"聚类数"参数框中输入"3"，其他保持默认，单击"继续(Continue)"按钮返回"系统聚类分析(Hierarchical Cluster Analysis)"对话框，单击"保存(save)"按钮，打开如图9.3所示的"系统聚类分析：保存新变量"对话框，选中"单一方案(Single Solution)"单选按钮，并在"聚类数"参数框中输入"3"，其他保持默认，单击"继续(Continue)"按钮返回"系统聚类分析"对话框。

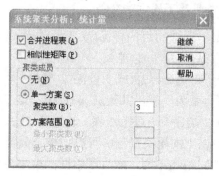

图9.2 "系统聚类分析：统计量"对话框

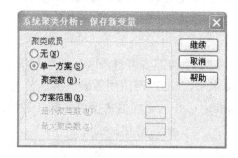

图9.3 "系统聚类分析：保存新变量"对话框

(3) 单击"方法(Method)"按钮，打开如图9.4所示的"系统聚类分析：方法"对话框。在该对话框的"聚类方法"下拉列表中选择"组间联接"选项，在"度量"选项区域中选中"区间(Interval)"单选按钮，并在其下拉列表中选择"Euclidian 距离(Euclidian Distance)"选项，再在"转换值(Transform Values)"选项区域中的"标准化"下拉列表中选择"z 得分(z score)"选项，其他保持默认，单击"继续(Continue)"按钮返回"系统聚类分析"对话框。

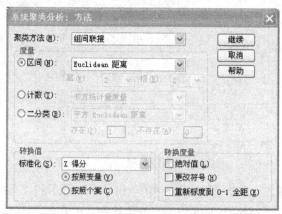

图9.4 "系统聚类分析：方法"对话框

(4) 结果分析与解释。表 9-1 是一个聚类过程表，其中的"下一阶"表示步骤，"群集组合"表示被合并的类，如第一步是把 29 号观察值与 30 号观察值合并，合并后的新类用群集 1 即"29"命名。"系数"则为被合并的两个类之间的距离或相似系数值。"首次出现阶群集"则表示被合并的两个类是否原始类，如果是，则记为 0；如果不是，则记它上一次被合并的步骤号。例如，阶 3 由第 26 类与第 29 类合并为新类，在首次出现阶群集中群集 1 为 0，表示第 26 类是原始类，群集 2 为 1，表示第 29 类不是原始类，而是在阶 1 中生成的新类。最后的下一阶则表示这一步合并得的新类，下一次在哪一步出现。

表 9-1 聚类表

阶	群集组合		系数	首次出现阶群集		下一阶
	群集 1	群集 2		群集 1	群集 2	
1	29	30	.072	0	0	3
2	20	25	.240	0	0	12
3	26	29	.325	0	1	8
4	14	22	.380	0	0	5
5	14	27	.400	4	0	7
6	5	28	.427	0	0	13
7	4	14	.477	0	5	12
8	21	26	.514	0	3	22
9	8	13	.532	0	0	14
10	7	31	.543	0	0	19
11	12	18	.590	0	0	18
12	4	20	.663	7	2	16
13	5	24	.705	6	0	16
14	6	8	.720	0	9	21
15	3	17	.749	0	0	18
16	4	5	.875	12	13	19
17	10	15	.963	0	0	24
18	3	12	.996	15	11	21
19	4	7	1.014	16	10	22
20	1	2	1.382	0	0	26
21	3	6	1.498	18	14	23
22	4	21	1.518	19	8	26
23	3	11	1.720	21	0	25
24	10	19	1.752	17	0	29
25	3	16	2.150	23	0	27
26	1	4	2.437	20	22	27
27	1	3	2.689	26	25	28
28	1	9	4.796	27	0	29
29	1	10	4.905	28	24	30
30	1	23	6.310	29	0	0

表 9-2 是聚类结果，由于操作时选择了"Save"选项，所以在数据文件中系统已经自动添加了一个结果变量"Clu3_1"，其中记录了分类结果，如图 9.5 所示。当然如果想要实际运用系统聚类方法，还必须表示这 3 个类的差异之处，使用【分析(Analyze)】菜单下的【均值(Mean)】功能，读者可以尝试相关内容结合起来分析此实验。

表 9-2 群集结果

案例	3 群集
1:Case 1	1
2:Case 2	1
3:Case 3	1
4:Case 4	1
5:Case 5	1
6:Case 6	1
7:Case 7	1
8:Case 8	1
9:Case 9	1
10:Case 10	2
11:Case 11	1
12:Case 12	1
13:Case 13	1
14:Case 14	1
15:Case 15	2
16:Case 16	1
17:Case 17	1
18:Case 18	1
19:Case 19	2
20:Case 20	1
21:Case 21	1
22:Case 22	1
23:Case 23	3
24:Case 24	1
25:Case 25	1
26:Case 26	1
27:Case 27	1
28:Case 28	1
29:Case 29	1
30:Case 30	1
31:Case 31	1

	area	educat	industry	farm	work	use	gdp	CLU3_1
10	江苏	1899361	3157.69	30.89	3635.0	3498	7199.95	2
11	浙江	1271862	2445.43	6.26	2651.1	3784	4987.50	1
12	安徽	806135.2	1112.97	4.13	3311.0	2370	2805.45	1
13	福建	846456.6	1208.75	5.85	1621.9	3934	3330.18	1
14	江西	474538.4	609.26	6.70	1971.3	1973	1851.98	1
15	山东	1633679	3052.44	10.80	4657.2	2899	7162.20	2
16	河南	1328712	1742.18	4.16	4999.6	1862	4356.60	1
17	湖北	1114862	1579.26	4.64	2616.3	2706	3704.21	1
18	湖南	1102095	1117.61	7.08	3498.5	2471	3211.40	1
19	广东	2484290	3463.12	16.30	3737.4	4686	7919.12	2
20	广西	686112.0	569.90	4.01	2470.9	2040	1903.04	1
21	海南	163907.6	55.70	.80	320.8	2562	438.92	1
22	重庆	440488.2	480.88	4.42	1645.1	2224	1429.26	1
23	四川	1049727	1272.41	11018.00	4534.7	2121	3580.26	3
24	贵州	297151.0	273.16	2.01	1946.3	1511	841.88	1
25	云南	753720.6	699.46	6.43	2270.3	2059	1793.90	1
26	西藏	44793.6	9.02	1.91	118.4	1551	91.18	1
27	陕西	605601.0	445.35	5.49	1802.0	1852	1381.53	1
28	甘肃	349637.6	311.80	3.97	1175.6	1612	869.75	1
29	青海	80356.1	63.44	1.31	230.4	2047	220.16	1
30	宁夏	92069.4	76.07	1.10	259.5	1947	227.46	1
31	新疆	463257.1	300.00	4.58	678.3	2745	1116.67	1

图9.5 保存系统聚类变量后的数据视图

9.1.5 实验总结

结合实验内容重复上述操作步骤，观察、整理、分析输出结果，得出分析结论。撰写一份分析报告。

9.1.6 思考与练习

(1) 尝试在"系统聚类分析：方法"对话框的"聚类方法"下拉列表中选择不同的层次聚类方法，或者在"度量"选项区域选择不同的样品距离计算方式，比较其层次聚类结果与本实验中的结果的区别和联系。

(2) SPSS层次聚类分析将所有可能的聚类解全部输出，应如何确定分类数目？对此并没有统一的确定标准，主要应考虑各类所包含的个体数目不应过多，分类数目应符合分析的目的等因素。在本实验中，聚类结果数选择了3~6个，请根据系统输出的树形图决定合适的分类数目。

(3) 层次聚类分析后还需分析各类的特征，可对各类的变量分别进行描述统计。

(4) 如何使用【分析】菜单下的【均值】功能，进一步完成本实验。

(5) 为研究我国省市的经济、教育、环境等综合发展水平，收集了部分省市经济、教育、健康状况和居住环境的数据(见数据文件"9-1.练习.sav")，请将这些省市聚类，以分析各类的大体情况。

9.2 K-均值聚类分析

9.2.1 实验目的

(1) 准确理解K-均值聚类的方法原理。

(2) 熟悉掌握 K-均值聚类分析的 SPSS 操作。
(3) 培养运用 K-均值聚类分析方法解决实际问题的能力。

9.2.2 准备知识

1. K-均值聚类原理与过程

K-均值聚类(k-means cluster)是一种基于迭代(iteration)算法的聚类方法，在数据量不大的情况下，不失为一种有效的方法。若有 n 个变量参与 K-均值聚类，它们组成一个 n 维空间，把每个观测量看作是空间中的一个点，设最后要求的聚类个数是 k 个，聚类过程是：

首先，选择 k 个观测量，作为聚类的初始种子(由系统指定或者客户定义)，它们就是 k 个初始聚类中心点。

然后把每个观测量都分派到与这 k 个中心距离最小的那个类，根据组成每一类的观测量计算各变量的均值，每一类的 n 个均值在 n 维空间又形成了 k 个点，这是第二次迭代的类中心。

按照这种方法迭代下去，直到达到迭代次数和终止迭代的要求。

2. 对数据进行标准化的方法

(1) Z-scores：把数值标准化到 Z 分数。标准化后变量均值为 0，标准差为 1。

(2) Rang-1 to 1：把数值标准化到-1～1 的范围内。选择该项，对每个值用正在被标准化的变量或观测量的值的范围去除。

(3) Maximum Magnitude of 1：把数值标准化至最大值为 1。该方法是把正在标准化的变量或观测量的值用最大值去除。

(4) Range 0 to 1：把数值标准化到 0～1 的范围内，对正在被标准化的变量或观测量的值减去正在被标准化的变量或观测量的最小值，然后除以范围。

(5) Mean of 1：把数值标准化到均值的一个范围内。对正在被标准化的变量或观测量的值除以正在被标准化的变量或观测量的值的均值。

(6) Standard Deviation of 1：把数值标准化到单位标准差。该方法对每个值除以正在被标准化的变量或观测量的标准差。如果标准差为 0，则这些值保持不变。

9.2.3 实验内容

图 9.6 所示是"文理学院部分学生成绩"(见数据文件"9-2.sav")，请用 K-均值聚类法将学生按所示五科成绩分为 3 类。

9.2.4 实验步骤

(1) 打开数据集"9-2.sav"，选择【分析(Analyze)】→【分类(Classify)】→【K-均值聚类(K-Mean Cluster)】命令，打开如图 9.7 所示的"K-均值聚类分析(K-Mean Cluster Analysis)"对话框。在此对话框中，将变量 x_1、x_2、x_3、x_4、x_5 选入"变量"列表框中，作为分析变量，在"聚类数"参数框中输入"3"，聚类方法使用默认的"迭代与分类(Iterate and Classify)"方法。

第 9 章 聚类分析和判别分析

no	X1	X2	X3	X4	X5
201151104	70	89.8	60	93	80
201151105	92	94.8	70	99	95
201151106	87	96.5	88	91	93
201151107	75	87.5	60	75	73
201151108	75	89.0	80	93	90
201151110	76	90.0	75	90	77
201151111	87	94.5	87	84	00
201151112	70	91.1	65	83	72
201151113	90	97.5	91	100	97
201151115	92	86.6	80	79	87
201151116	86	88.0	78	80	98
201151117	85	94.1	92	97	100
201151118	86	90.8	74	93	88
201151119	88	91.7	95	98	95
201151120	93	92.8	95	93	78
201151121	82	92.8	82	88	90
201151122	82	90.1	60	97	86
201151124	90	83.8	69	93	78
201151125	85	94.8	93	94	73
201151126	80	91.0	60	95	87
201151127	72	95.6	80	89	87
201151128	80	82.3	78	88	100

图 9.6　文理学院部分学生成绩

图 9.7　"K 均值聚类分析"对话框

(2) 单击"迭代(Iterate)"按钮，打开如图 9.8 所示的"K 均值聚类分析：迭代"对话框。在"最大迭代次数(Maximum Iterations)"参数框中限定 K-均值算法中的迭代次数，系统默认为迭代 10 次，本实验中采用系统默认值；在"收敛性标准(Convergence Criterion)"参数框中指定 K-均值算法中的收敛判据，其值必须大于或等于 0，并小于 1，默认值为 0，本实验采用系统默认值。单击"继续(Continue)"按钮，返回"K 均值聚类分析"对话框。

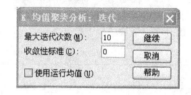

图 9.8 "K 均值聚类分析:迭代"对话框

(3) 在"K 均值聚类分析"对话框中单击"保存(Save)"按钮,打开如图 9.7 所示的"K 均值聚类分析:保存新变量"对话框。在此对话框中勾选"聚类成员(Cluster Membership)"复选框,要求在当前工作数据文件中建立一个新变量,其值表示聚类结果,类顺序标号为 1,2,3;勾选"与聚类中心的距离(Distance from Cluster Center)"复选框,要求在当前数据窗口中建立一个新变量,变量值为各观测距所属类的类中心间的欧氏距离。单击"继续(Continue)"按钮,返回"K 均值聚类分析"对话框。其他内容保持系统默认。单击"确定(OK)"按钮,系统输出聚类分析结果。

(4) 结果分析与解释。初始聚类中心表如表 9-3 所示,是系统根据观察数据估算出的初始聚类中心,由于要分为 3 个类,故有 3 个中心。

表 9-3 初始聚类中心

	聚 类		
	1	2	3
证券投资	75	92	90
货币银行	87.5	86.6	97.5
国际贸易	60	80	91
管理学	75	79	100
电子商务	73	87	97

经过(3 步)迭代计算后,如表 9-4 所示,得到最终聚类中心,如表 9-5 所示。

表 9-4 迭代历史记录(a)

迭 代	聚类中心内的更改		
	1	2	3
1	15.768	14.101	8.770
2	.000	1.433	3.378
3	.000	.000	.000

a:由于聚类中心内没有改动或改动较小而达到收敛。
任何中心的最大绝对坐标更改为 .000。当前迭代为 3。初始中心间的最小距离为 28.014。

表9-5 最终聚类中心

	聚　类		
	1	2	3
证券投资	75	84	88
货币银行	89.6	90.7	94.6
国际贸易	63	75	92
管理学	88	89	96
电子商务	81	90	89

然后，按距离最近法则，将所有观察值分到这3个中心代表的类，如表9-6所示。

表9-6 每个聚类中的案例数

聚类	1	7.000
	2	12.000
	3	6.000
有效		25.000
缺失		.000

这里只给出了每一类的观察值个数，没有具体个体类属结果，要知道具体个体属于哪一类，需回到数据文件，如图 9.9 所示。在数据文件中新生成了两列数据，其中的一列是 QCL_1，显示每个观察值属于哪一类；另一列是 QCL_2，显示每个观察值到所在类中心的距离。

	no	X1	X2	X3	X4	X5	QCL_1	QCL_2
1	201151101	80	95.5	72	89	88	2	6.98303
2	201151102	81	95.1	72	89	88	2	6.24041
3	201151103	70	87.6	60	85	90	1	11.46086
4	201151104	70	89.8	60	93	80	1	7.29166
5	201151105	92	94.8	70	99	95	2	15.76112
6	201151106	87	96.5	88	91	93	3	7.56373
7	201151107	75	87.5	60	75	73	1	15.76755
8	201151108	75	89.0	80	93	90	2	10.90319
9	201151110	76	90.0	75	90	77	1	12.88442
10	201151111	87	94.5	67	84	88	2	10.83495
11	201151112	70	91.1	65	83	72	1	11.53200
12	201151113	90	97.5	91	100	97	3	9.66488
13	201151115	92	86.6	80	79	87	2	14.57027
14	201151116	86	88.0	78	80	98	2	12.82625
15	201151117	85	94.1	92	97	100	3	11.19628
16	201151118	86	90.8	74	93	88	2	5.38944
17	201151119	88	91.7	95	98	95	3	7.32735
18	201151120	93	92.8	95	93	78	3	13.03559
19	201151121	82	92.8	82	88	90	2	7.34707
20	201151122	82	90.1	60	97	86	1	12.86029
21	201151124	90	83.8	69	93	78	2	16.85565
22	201151125	85	94.8	93	94	73	3	16.68912
23	201151126	80	91.0	60	95	87	1	11.07674
24	201151127	72	95.6	80	89	87	2	13.74383
25	201151128	80	82.3	78	88	100	2	14.05333

图9.9 保存K-均值聚类变量后的数据视图

与系统聚类方法类似，如果想要实际运用系统聚类方法，还必须表示这 3 个类的差异之处，使用【分析】菜单下的【均值】功能，读者可以尝试结合相关内容分析此实验。

9.2.5 实验总结

结合实验内容重复上述操作步骤，观察、整理、分析输出结果，得出分析结论。撰写一份分析报告。

9.2.6 思考与练习

(1) 在实验中，是由 SPSS 系统根据样本数据的具体情况挑选有一定代表性的样品作为初始聚类中心。试说明，系统选择了哪几个样品作为初始聚类中心点。

(2) 初始聚类中心点既可由 SPSS 系统指定，也可由用户自行指定，试比较使用两种指定方式时，K-均值聚类的迭代次数。

(3) K-均值聚类和层次聚类的主要区别是什么？

(4) 为什么在本实验操作过程中没有对数据进行标准化？谈谈你的理解。

(5) 在研究房屋销售问题中，希望将销售的房屋进行聚类，为此收集了某地区 2440 套房屋销售的地价、查定改良价、总定价、销售价，以及销售价与总定价的比值 5 个变量的数据(见数据文件"9-2.练习.sav")。请依据此数据对此房屋进行聚类。

9.3 判别分析

9.3.1 实验目的

(1) 准确理解判别分析的基本原理。
(2) 掌握系判别类分析的 SPSS 操作。
(3) 培养运用别类分析方法解决身边实际问题的能力。

9.3.2 准备知识

1. 判别分析的基本思想

判别分析是利用已知类别的样本建立判别模型，为未知类别的样本判别的一种统计方法。近年来，判别分析在自然科学、社会学及经济管理学科中都有广泛的应用。判别分析的特点是根据已掌握的、历史上每个类别的若干样本的数据信息，总结出客观事物分类的规律性，建立判别公式和判别准则。当遇到新的样本点时，只要根据总结出来的判别公式和判别准则，就能判别该样本点所属的类别。判别分析按照判别的组数来区分，可以分为两组判别分析和多组判别分析。

2. 判别分析的方法

判别分析(Discriminatory Analysis)的任务是根据已掌握的一批分类明确的样品，建立较好的判别函数，使产生错判的事例最少，进而对给定的一个新样品，判断它来自哪个

第9章 聚类分析和判别分析

总体。

根据资料的性质，分为定性资料的判别分析和定量资料的判别分析；采用不同的判别准则，又有费歇、贝叶斯、距离等判别方法。

(1) 费歇(Fisher)判别思想借助于投影，使多维问题简化为一维问题来处理。选择一个适当的投影轴，使所有的样品点都投影到这个轴上得到一个投影值。对这个投影轴的方向的要求是：使每一类内的投影值所形成的类内离差尽可能小，而不同类间的投影值所形成的类间离差尽可能大。

(2) 贝叶斯(Bayes)判别思想是根据先验概率求出后验概率，并依据后验概率分布作出统计推断。所谓先验概率，就是用概率来描述人们事先对所研究的对象的认识的程度；所谓后验概率，就是根据具体资料、先验概率、特定的判别规则所计算出来的概率。它是对先验概率修正后的结果。

(3) 距离判别思想是根据各样品与各母体之间的距离远近做出判别，即根据资料建立关于各母体的距离判别函数式，将各样品数据逐一代入计算，得出各样品与各母体之间的距离值，判样品属于距离值最小的那个母体。

9.3.3 实验内容

某公司研发机构在招聘人才时，出了 3 道题目(敬业类、智力类、人际类)，对应聘者进行测试。每位应聘者的得分，都保存在档案中，一年后，在对已录取的 12 位人才类型的研究中发现，其中大部分是团队型人才，部分人独立研究型人才。现在用这 3 道题目，对一位新应聘者测试，得到相应的 3 个分值。请预先判断这位应聘者是什么类型的人才(见数据文件"9-3.sav")。

9.3.4 实验步骤

(1) 打开数据集"9-3.sav"，选择【分析(analyze)】→【分类(Classify)】→【判别(Discriminant)】命令，打开如图 9.10 所示的"判别分析(Discriminant Analysis)"对话框。在此对话框中，将变量"人际题、智力题、敬业题"选入"自变量"列表框中，作为自变量。

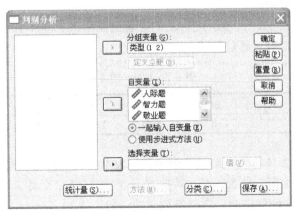

图 9.10 "判别分析"对话框

(2) 把"类型"变量选入"分组变量(Grouping Variable)"列表框中，然后单击"定义全距(Define Range)"按钮，如图 9.11 所示，打开的"判别分析：定义范围"对话框，在"最大值(Maximum)"的参数框中输入"3"，"最小值(Minimum)"的参数框中输入"1"，单击"继续(Continue)"按钮，返回"判别分析"对话框。

图 9.11 "判别分析：定义范围"对话框

(3) 单击"分类(Classify)"按钮，打开如图 9.12 所示的"判别分析：分类"对话框，可在对话框中设置相关选项，本实验中选择系统默认值，单击"继续(Continue)"按钮返回"判别分析"对话框。

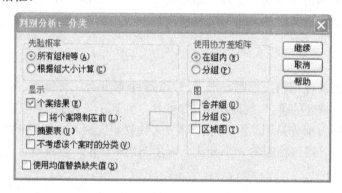

图 9.12 "判别分析：分类"对话框

(4) 单击"保存(Save)"按钮，打开"判别分析：保存"对话框，勾选"预测组成员(Predicted Group Membership)"、"判别得分(Discriminant Score)"和"组成员概率(Probabilities of Group Membership)"复选框，单击"继续(Continue)"按钮，返回"判别分析"对话框，单击"确定(OK)"按钮，得到分析结果的输出。

(5) 部分输出结果解释。

表 9-7 中的 Wilks 的 λ 检验统计值 x2 的显著性概率大于.004 小于 0.01，表明不同类的指标均值的典型函数是有显著差异的。

表 9-7 Wilks 的 λ 检验

函数检验	Wilks 的 Lambda	卡方	df	Sig.
1	.213	13.125	3	.004

表 9-8 是对每个个体的判别结果，表中的案例数目列是所有个体的编号，表中的实际组列是每个个体实际上所在的类，其中尚未被分类的第 13 个个体，被注明是未被分组的。从结果中可以看出，初始验证时，实际组预测组一致，第 13 个个体被判定属于第 1 类人才即团队工作型人才。

第 9 章 聚类分析和判别分析

表 9-8 对每个个体的判别结果

	案例数目	实际组	预测组	最高组 P(D>d | G=g) p	最高组 df	最高组 P(G=g | D=d)	最高组 到质心的平方 Mahalanobis 距离	第二最高组 组	第二最高组 P(G=g|D=d)	第二最高组 到质心的平方 Mahalanobis 距离	判别式得分 函数 1
初始	1	1	1	.500	1	1.000	.454	2	.000	17.877	2.155
	2	1	1	.420	1	.969	.651	2	.031	7.548	.674
	3	1	1	.164	1	1.000	1.935	2	.000	24.452	2.872
	4	1	1	.648	1	.991	.208	2	.009	9.595	1.024
	5	1	1	.925	1	.999	.009	2	.001	13.313	1.575
	6	1	1	.969	1	.998	.001	2	.002	12.358	1.442
	7	1	1	.391	1	.963	.736	2	.037	7.269	.623
	8	2	2	.618	1	.989	.249	1	.011	9.336	-1.575
	9	2	2	.760	1	.995	.094	1	.005	10.550	-1.767
	10	2	2	.131	1	.721	2.281	1	.279	4.177	-.563
	11	2	2	.572	1	1.000	.319	1	.000	16.962	-2.638
	12	2	2	.080	1	1.000	3.064	1	.000	28.136	-3.823
	13	未分组的	1	.247	1	.901	1.338	2	.099	5.746	.324
交叉验证(a)	1	1	1	.663	3	1.000	1.584	2	.000	18.189	
	2	1	1	.800	3	.961	1.006	2	.039	7.398	
	3	1	1	.178	3	1.000	4.910	2	.000	31.800	
	4	1	1	.247	3	.964	4.142	2	.036	10.724	
	5	1	2(**)	.000	3	.974	85.934	1	.026	93.194	
	6	1	1	.862	3	.996	.748	2	.004	11.655	
	7	1	1	.646	3	.945	1.660	2	.055	7.362	
	8	2	2	.934	3	.984	.428	1	.016	8.698	
	9	2	2	.062	3	.946	7.320	1	.054	13.042	
	10	2	1(**)	.091	3	1.000	6.457	2	.000	21.790	
	11	2	2	.574	3	1.000	1.994	1	.000	17.428	
	12	2	2	.027	3	1.000	9.208	1	.000	45.539	

图 9.13 则显示了保存预测变量后的数据视图，从中也可以判断新的应聘者属于第 1 类人才即团队工作型人才。

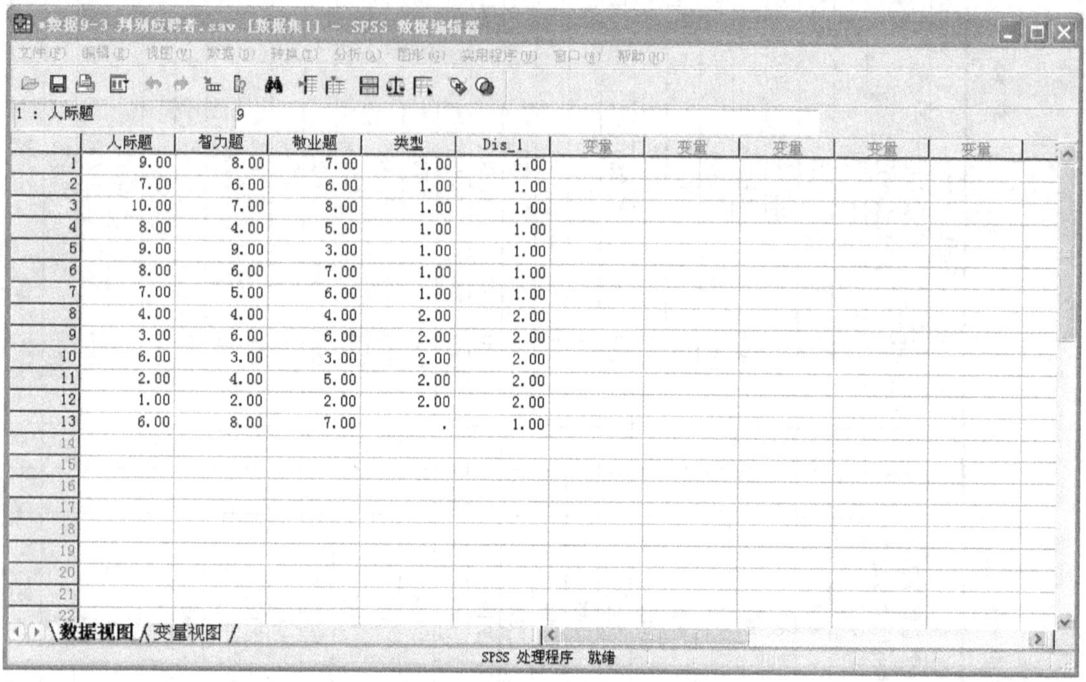

	人际题	智力题	敬业题	类型	Dis_1	变量	变量	变量	变量	变量
1	9.00	8.00	7.00	1.00	1.00					
2	7.00	6.00	6.00	1.00	1.00					
3	10.00	7.00	8.00	1.00	1.00					
4	8.00	4.00	5.00	1.00	1.00					
5	9.00	9.00	3.00	1.00	1.00					
6	8.00	6.00	7.00	1.00	1.00					
7	7.00	5.00	6.00	1.00	1.00					
8	4.00	4.00	4.00	2.00	2.00					
9	3.00	6.00	6.00	2.00	2.00					
10	6.00	3.00	3.00	2.00	2.00					
11	2.00	4.00	5.00	2.00	2.00					
12	1.00	2.00	2.00	2.00	2.00					
13	6.00	8.00	7.00	.	1.00					

图 9.13 保存预测变量后的数据视图

9.3.5 实验总结

结合实验内容重复上述操作步骤，观察、整理、分析输出结果，得出分析结论。撰写一份分析报告。

9.3.6 思考与练习

(1) 3 种判别法基本思想有哪些差异?

(2) 应用判别分析应注意哪些问题?

(3) 表 9-9 所列为某高校工商管理专业 2011 年度的学生体质调查的数据。如果将学生的体质分为 3 类，试判别刘永强、于晓晓各属于哪一类?

表 9-9 学生体质调查表

类别	1	1	1	2	3	2	1	2	3	3	.	.
姓名	张里	周三望	马圆圆	胡汉林	赵静	赵四方	于得福	刘贵林	刘三云	钱二虎	刘永强	于晓晓
身高	168	173	175	170	168	174	169	168	169	170	171	167
体重	59	62	65	59	57	60	64	56	52	53	58	63
立定跳远	237	227	230	215	207	199	220	203	201	218	216	229
1 000 米	222	210	205	261	221	257	215	261	240	229	235	266

(4) 为研究舒张期血压和血浆胆固醇对冠心病的作用，某医师测定了 50～59 岁冠心病病人 15 例和正常人 16 例的舒张压和胆固醇指标，结果如表 9-10 所示。试做判别分析，建立判别函数以便在临床中用于冠心病人(见数据文件"9-3.练习.sav")。

表 9-10 冠心病病人和正常人舒张压和胆固醇指标对比

冠心病人组			正常人组		
编号	舒张压	胆固醇	编号	舒张压	胆固醇
1	9.86	5.18	1	10.66	2.07
2	13.33	3.73	2	12.53	4.45
3	14.66	3.89	3	13.33	3.06
4	9.33	7.10	4	9.33	3.94
5	12.80	5.49	5	10.66	4.45
6	10.66	4.09	6	10.66	4.92
7	10.66	4.45	7	9.33	3.68
8	13.33	3.63	8	10.66	2.77
9	13.33	5.96	9	10.66	3.21
10	13.33	5.70	10	10.66	5.02
11	12.00	6.19	11	10.40	3.94
12	14.66	4.01	12	9.33	4.92
13	13.33	4.01	13	10.66	2.69
14	12.80	3.63	14	10.66	2.43
15	13.33	5.96	15	11.20	3.42
			16	9.33	3.63

第 10 章 主成分分析与因子分析

在各个领域的科学研究中，往往需要对反映事物的多个变量进行大量的观测，收集大量数据以便进行分析，寻找规律。多变量大样本无疑会为科学研究提供丰富的信息，但也在一定程度上增加了数据采集的工作量，更重要的是在大多数情况下，许多变量之间可能存在相关性而增加了问题分析的复杂性，同时对分析带来不便。如果分别分析每个指标，分析又可能是孤立的，而不是综合的。盲目减少指标会损失很多信息，容易产生错误的结论。因此需要找到一个合理的方法，减少分析指标的同时，尽量减少原指标包含信息的损失，对所收集的资料做全面的分析。由于各变量间存在一定的相关关系，因此有可能用较少的综合指标分别综合存在于各变量中的各类信息。主成分分析与因子分析就是这样一种降维的方法。本章介绍的主成分分析和因子分析可用于解决这类问题。

10.1 主成分分析

10.1.1 实验目的

(1) 熟悉主成分分析的用途、目的。
(2) 掌握主成分分析操作方法。
(3) 掌握分析结果的解释。

10.1.2 准备知识

1. 主成分分析的本质

主成分分析是采取一种数学降维的方法，找出几个综合变量来代替原来众多的变量，使这些综合变量能尽可能地代表原来变量的信息量，而且彼此之间互不相关。这种将把多个变量化为少数几个互相无关的综合变量的统计分析方法就称为主成分分析或主分量分析。

主成分分析所要做的就是设法将原来众多具有一定相关性的变量，重新组合为一组新的相互无关的综合变量来代替原来变量。通常，数学上的处理方法就是将原来的变量做线性组合，作为新的综合变量，但是这种组合如果不加以限制，则可以有很多，应该如何选择呢？如果将选取的第一个线性组合即第一个综合变量记为 F_1，自然希望它尽可能多地反映原来变量的信息，这里"信息"用方差来测量，即希望 $Var(F_1)$ 越大，表示 F_1

包含的信息越多。因此在所有的线性组合中所选取的 F_1 应该是方差最大的,故称 F_1 为第一主成分。如果第一主成分不足以代表原来 p 个变量的信息,再考虑选取 F_2 即第二个线性组合,为了有效地反映原来信息,F_1 已有的信息就不需要再出现在 F_2 中,用数学语言表达就是要求 $Cov(F_1, F_2) = 0$,称 F_2 为第二主成分,依此类推可以构造出第三、第四……第 p 个主成分。

2. 主成分分析的数学模型

对于一个样本资料,观测 p 个变量 $x_1, x_2, \cdots, x_p$,n 个样品的数据资料阵为

$$X = \begin{pmatrix} x_{11} & x_{12} & \cdots & x_{1p} \\ x_{21} & x_{22} & \cdots & x_{2p} \\ \vdots & \vdots & \vdots & \vdots \\ x_{n1} & x_{n2} & \cdots & x_{np} \end{pmatrix} = (x_1, x_2, \cdots, x_p)$$

其中,

$$x_j = \begin{pmatrix} x_{1j} \\ x_{2j} \\ \vdots \\ x_{nj} \end{pmatrix}, \quad j = 1, 2, \cdots, p$$

主成分分析就是将 p 个观测变量综合成为 p 个新的变量(综合变量),即

$$\begin{cases} F_1 = a_{11} x_1 + a_{12} x_2 + \cdots + a_{1p} x_p \\ F_2 = a_{21} x_1 + a_{22} x_2 + \cdots + a_{2p} x_p \\ \vdots \\ F_p = a_{p1} x_1 + a_{p2} x_2 + \cdots + a_{pp} x_p \end{cases}$$

简写为

$$F_j = \alpha_{j1} x_1 + \alpha_{j2} x_2 + \cdots + \alpha_{jp} x_p$$
$$j = 1, 2, \cdots, p$$

要求模型满足以下条件。

(1) F_i, F_j 互不相关($i \neq j$,$i, j = 1, 2, \cdots, p$)。

(2) F_1 的方差大于 F_2 的方差大于 F_3 的方差,依此类推。

(3) $a_{k1}^2 + a_{k2}^2 + \cdots + a_{kp}^2 = 1$,$k = 1, 2, \cdots, p$。

于是,称 F_1 为第一主成分,F_2 为第二主成分,依此类推,有第 p 个主成分。主成分又称主分量。这里 a_{ij} 称为主成分系数。

上述模型可用矩阵表示为

$$F = AX$$

其中

$$F = \begin{pmatrix} F_1 \\ F_2 \\ \vdots \\ F_p \end{pmatrix} \qquad X = \begin{pmatrix} x_1 \\ x_2 \\ \vdots \\ x_p \end{pmatrix}$$

$$A = \begin{pmatrix} a_{11} & a_{12} & \cdots & a_{1p} \\ a_{21} & a_{22} & \cdots & a_{2p} \\ \vdots & \vdots & \vdots & \vdots \\ a_{p1} & a_{p2} & \cdots & a_{pp} \end{pmatrix} = \begin{pmatrix} a_1 \\ a_2 \\ \vdots \\ a_p \end{pmatrix}$$

式中，A 称为主成分系数矩阵。

10.1.3 实验内容

利用主成分分析法，综合评价煤炭开采和选业、石油天然气开采业、黑色金属矿采选业、有色金属矿采选业、非金属矿采选业其他采矿业 6 个工业行业的经济效益指标，如表 10-1 所示，见数据文件 "10-1.sav"。

表 10-1 6 个工业行业的经济效益指标 单位：亿元

行业名称	资产总计	固定资产净值平均余额	产品销售收入	利润总额
煤炭开采和选业	6917.2	3032.7	683.3	61.6
石油天然气开采业	5675.9	3926.2	717.5	33877
黑色金属矿采选业	768.1	221.2	96.5	13.8
有色金属矿采选业	622.4	248	116.4	21.6
非金属矿采选业	699.9	291.5	84.9	6.2
其他采矿业	1.6	0.5	0.3	0

10.1.4 实验步骤

(1) 选择【分析(Analyze)】→【数据降维(Data Reduction)】→【因子分析(Factor Analysis)】命令，打开"因子分析(Factor Analysis)"对话框，如图 10.1 所示，将变量 x1~x4 选入"变量"列表框中。

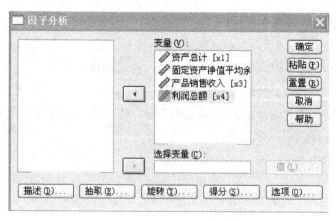

图 10.1 "因子分析"对话框

(2) 单击"描述"按钮，打开"因子分析：描述统计"对话框，勾选"系数(Coefficients)"复选框，如图 10.2 所示。单击"继续(Continue)"按钮，返回"因子分析(Factor Analysis)"对话框，单击"确定(OK)"按钮，系统输出因子分析结果。

第10章 主成分分析与因子分析

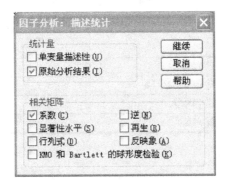

图 10.2 "因子分析：描述统计"对话框

(3) 结果分析与解释如下。从表 10-2(相关矩阵表)可知资产总计、固定资产净值平均余额、产品销售收入和利润总额之间存在着极其显著的关系，可见许多变量之间直接的相关性比较强，证明他们存在信息上的重叠，适合做主成分分析。

表 10-2 相关矩阵

		资产总计	固定资产净值平均余额	产品销售收入	利润总额
相关	资产总计	1.000	.956	.985	.525
	固定资产净值平均余额	.956	1.000	.989	.751
	产品销售收入	.985	.989	1.000	.654
	利润总额	.525	.751	.654	1.000

主成分个数提取原则为主成分对应的特征值大于 1 的前 m 个主成分。特征值在某种程度上可以被看成是表示主成分影响力度大小的指标，如果特征值小于1，说明该主成分的解释力度还不如直接引入一个原变量的平均解释力度大，因此一般可以用特征值大于 1 作为纳入标准。通过表 10-3(说明的总方差表)可知，提取 1 个主成分。

表 10-3 说明的总方差

成分	初始特征值			提取平方和载入		
	合计	方差贡献率/(%)	累积/(%)	合计	方差贡献率/(%)	累积/(%)
1	3.460	86.499	86.499	3.460	86.499	86.499
2	.537	13.434	99.933			
3	.002	.060	99.993			
4	.000	.007	100.000			

提取方法：主成分分析。

从表 10-4(主成分载荷矩阵)可知资产总计、固定资产净值平均余额、产品销售收入和利润总额在第一主成分上有较高载荷，说明第一主成分基本反映了这些指标的信息。

表 10-4 主成分载荷矩阵

	成分
	1
资产总计	.947
固定资产净值平均余额	.999
产品销售收入	.986
利润总额	.769

提取方法：主成分分析法。
a：已提取了 1 个成分。

用主成分载荷矩阵中的数据除以主成分相对应的特征值开平方便得到主成分中每个指标所对应的系数。将初始因子载荷矩阵中的两列数据输入(可用复制粘贴的方法)到数据编辑窗口(为变量 a)，然后选择【转换(Transform)】→【计算(Compute)】命令，打开"计算变量"对话框，在"数学表达式"文本框中输入"b=a/SQR(7.22)"，即可得到特征向量 b，如图 10.3 所示。

将得到的特征向量与标准化后的数据相乘，然后就可以得出主成分表达式(注：因本例只是为了说明如何在 SPSS 进行主成分分析，故在此不对提取的主成分进行命名，有兴趣的读者可自行命名)：

$$F=0.51*x1+0.54*x2+0.53*x3+0.41*x4$$

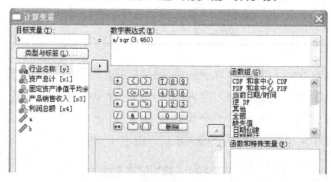

图 10.3 "计算变量"对话框

主成分分析中一般以特征为权，对两个主成分进行加权综合，但本例中只提取了一个主成分，故无需做此步，只需按照表 10-5 的形式采用 Excel 计算各行业主成分得分及排序。

表 10-5 各行业主成分得分及排序

行 业	F	排 名
煤炭开采和选业	5552.835	2
石油天然气开采业	19284.7	1
黑色金属矿采选业	567.982	3
有色金属矿采选业	521.892	5
非金属矿采选业	561.898	4
其他采矿业	1.245	6

从上表可以得出，石油天然气开采业在各大行业综合排名为第一名，原始数据也说明石油天然气开采业具有很可观效益。其中有色金属和其他采矿业综合排名位居后两名，其经济效益也最低。

10.1.5 实验总结

结合实验内容重复上述操作步骤，观察、整理、分析输出结果，得出分析结论，以本实验为出发点，查阅有关资料，撰写一份分析报告。

10.1.6 思考与练习

(1) 试述主成分分析的基本思想。

(2) 主成分分析的作用主要体现在何处？

(3) 在本案例中，若分析出来的主成分有两个，你将如何进行各行业主成分得分及排序的计算？

(4) 某研究者收集了13名儿童的心象面积数据，如表10-6所示(见数据文件"10-1.练习.sav")。

表10-6　13名儿童心象面积研究数据

IDx0	x1 性别	x2 年龄/月	x3 身高/cm	x4 体重/kg	x5 胸围/cm	y 心象面积/cm²
1	1	32	95.5	14.0	53.5	49.64
2	1	35	92.0	13.0	52.0	41.46
3	1	33	89.0	12.5	53.5	35.81
4	1	176	168.0	53.5	82.0	100.14
5	1	96	117.0	19.7	56.0	67.20
6	1	96	113.0	18.1	55.0	60.00
7	1	96	122.0	21.6	57.3	58.00
8	2	30	91.0	11.0	48.0	35.39
9	2	33	91.0	11.5	47.0	44.98
10	2	33	91.0	12.5	50.0	29.51
11	2	176	156.0	55.0	83.0	94.66
12	2	178	163.0	54.0	79.0	87.42
13	2	84	130.0	25.0	58.0	62.00

表中包括性别(x_1：男=1，女=2)、年龄(x_2：月)、身高(x_3：cm)、体重(x_4：kg)、胸围(x_5：cm)和心象面积(y：cm²)。试分析心象面积与性别、年龄、身高、体重和胸围之间的关系。

10.2　因子分析

10.2.1 实验目的

(1) 熟悉因子分析的用途、目的。

(2) 掌握因子分析的适用条件，能正确选择适当的因子。
(3) 熟悉因子旋转的含义并能正确使用。
(4) 掌握分析结果的解释。

10.2.2 准备知识

1. 因子分析的基本思想

因子分析是将多个实测变量转换为少数几个不相关的综合指标的多元统计方法，在管理、市场经济等领域以及其他领域的科学研究中，往往需要对反映事物、现象从多个角度进行观测，也就设计出多个观测变量，从多个变量收集大量数据以便进行分析寻找规律。多变量大样本虽然会为科学研究提供丰富的信息，但却增加了数据采集和处理的难度。更重要的是在大多数情况下，许多变量之间存在一定的相关关系，从而增加了问题分析的复杂性。

因子分析就是将大量的彼此可能存在相关关系的变量转换成较少的、彼此不相关的综合指标的一种多元统计方法。这样既可减轻收集信息的工作量，且各综合指标代表的信息不重叠，便于分析。

2. 基本过程

因子分析的基本过程可分为两个步骤。

1) 主因子分析

主因子分析是通过原始变量的相关系数矩阵内部结构的研究，导出能控制所有变量的少数几个综合变量，通过这少数几个综合变量去描述原始的多个变量之间的相关关系。一般来说，这少数的几个综合变量是不可观测的，故称其为因子，又称这种通过原始变量相关系数矩阵出发的因子分析为 R 型因子分析。因子分析所获得的反映变量间本质联系、变量与公共因子的关系的全部信息通过导出的因子负荷矩阵体现。

2) 对因子解释和命名

从因子分析导出的负荷矩阵的结构出发，把变量按与公共因子相关性大小的程度分组，使同组内变量间的相关性较高，不同组的变量的相关性较低，按公因子包含变量的特点(即公因子内涵)对因子做解释命名。

3. 因子分析的数学模型

因子模型假定观测到的每一个变量 x_i 线性地依赖于少数几个不可预测的变量 F_1，F_2，…，F_m 和一个附加的方差源 e_i，即：

$$x_i = 1_{i1}F_1 + 1_{i2}F_2 + \cdots + 1_{ij}F_j + \cdots + 1_{im}F_m + e_i \tag{10-1}$$

式中，1_{ij} 为第 i 个变量在第 j 个因子上的载荷，称为因子负载。

通常对随机变量 F_j 和 e_i 进行如下假定：

$$E(F_j)=0, Cov(F_i,F_j)=\begin{cases} 1 & (i=j) \\ 0 & (i \neq j) \end{cases} \tag{10-2}$$

$$E(e_j)=0, Cov(e_i,e_j)=\begin{cases} \psi_i & (i=j) \\ 0 & (i \neq j) \end{cases} \tag{10-3}$$

$$Cov(F_i,e_j)=0 \tag{10-4}$$

即：①各公共因子的均值为0，方差为1，且因子之间不相关；②各误差的均值为0，具有不等方差，且误差之间不相关；③公共因子和误差间相互独立。

满足式(20-1)及假设(20-2)~假设(20-4)的因子模型通常被称为正交因子模型。统计中，常常将变量间的一种相关关系看做一种信息。因子分析正是基于变量间的方差——协方差矩阵的一种分析方法，它希望利用公共因子来尽可能地解释变量间的这种关系。在正交因子模型中，具有如下的协方差结构：

$$Var(x_i) = l_{i1}^2 + \cdots + l_{im}^2 + \psi_i \tag{10-5}$$

$$Cov(x_i, x_j) = l_{i1}l_{k1} + \cdots + l_{im}l_{km} \tag{10-6}$$

$$Cov(x_i, F_j) = l_{ij} \tag{10-7}$$

即：①可变测量x_i的方差可由该变量在m个公共因子上的负载平方和(第i个共同度)和特殊因子的方差(特殊度)表示；②可测变量x_i、x_j间的协方差可由可测变量在所有公共因子上的负载的对应乘积之和给出；③可测变量和公共因子之间的协方差即为因子负载。

上述的协方差结构式(10-5)~式(10-7)为分析因子模型的适合度、选择和评价公共因子等方面提供了依据。

4. KMO 检验与 Bartlett 球形检验

KMO 检验用于检查各变量间的偏相关性，用于判断因子分析效果：$0 \leq KMO \leq 1$。通常使用的标准是：$KMO > 0.7$，因子分析效果较好，越大越好；$KMO < 0.5$，此时不适用因子分析法。

Bartlett 球形检验用于检验各变量是否独立，通过相关阵是否单位阵来判断。只有在原假设(各变量相互独立)被拒绝时，因子分析才能进行。

10.2.3 实验内容

表 10-7(见数据文件"10-2.sav")收录了15个企业的固定资产率(x_1)、固定资产利率(x_2)、资金利率(x_3)、资金利税率(x_4)、流动资金周转天数(x_5)、销售收入利税率(x_6)、全员劳动生产率(x_7)等7个主要经济指标。试对这7个指标提取公共因子做因子分析。

表 10-7 部分经济指标

id	name	x_1	x_2	x_3	x_4	x_5	x_6	x_7
1	康佳电子	55.25	16.68	18.40	26.75	55	31.84	1.75
2	中石国化	59.82	19.70	19.20	27.56	55	32.94	2.87
3	科力远	46.78	15.20	16.24	23.40	65	32.98	1.53
4	三星集团	34.39	7.29	4.76	8.97	62	21.30	1.63
5	数源科技	75.32	29.45	43.68	56.49	69	40.74	2.14
6	中华电子	66.46	32.93	33.87	42.78	50	47.98	2.60
7	云南白药	68.18	25.39	27.56	37.85	63	33.76	2.43
8	中国平安	56.13	15.05	14.21	19.49	76	27.21	1.75
9	白云制药	59.25	19.82	20.17	28.78	71	33.41	1.83

续表

id	name	x_1	x_2	x_3	x_4	x_5	x_6	x_7
10	水井坊	52.47	21.13	26.52	35.20	62	39.16	1.73
11	浙江震元	55.76	16.75	19.23	28.72	58	29.62	1.52
12	岭南通讯	61.19	15.83	17.43	28.03	61	26.40	1.60
13	华南冰箱	50.41	16.53	20.63	29.73	69	32.49	1.31
14	潮州二轻	67.95	22.24	37.00	54.59	63	31.05	1.57
15	稀土高科	51.07	12.92	12.54	20.82	66	25.12	1.83

10.2.4 实验步骤

(1) 选择【分析(Analyze)】→【数据降维(Data Reduction)】→【因子分析(Factor Analysis)】命令，打开如图 10.4 所示的"因子分析(Factor Analysis)"对话框。将变量 $x1 \sim x7$ 选入"变量(Variable)"列表框中。

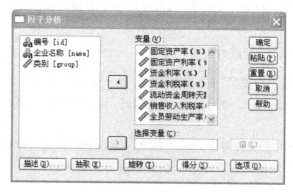

图 10.4 "因子分析"对话框

(2) 单击"描述(Descript)"按钮，打开如图 10.5 所示的"因子分析：描述统计(Factor Analysis: Descriptives)"对话框。在"统计量(Statistics)"选项区域中勾选"原始分析结果(Univariate Descriptives)"复选框，要求输出各变量的均值与标准差。在"相关矩阵(Correlation Matrix)"选项区域中勾选"系数(Coeffcents)"复选框，要求计算相关系数矩阵，并勾选"KMO 和 Bartlett 的球形度检验(KMO and Bartlett's Test of Sphericity)"复选框，要求对相关系数矩阵进行统计学检验。单击"继续(Continue)"按钮，返回"因子分析(Factor Analysis)"对话框。

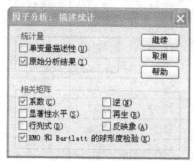

图 10.5 "因子分析：描述统计"对话框

(3) 单击"抽取(Extraction)"按钮,打开如图10.6所示的"因子分析:抽取((Factor Analysis: Extraction)"对话框。在"方法(Method)"下拉列表中,系统提供了7种提取因子的方法,分别是主成分分析法(Principal Components)、未加权最小平方法(Unweighted Least Squares)、综合最小平方法(Generalized Least Squares)、极大似然估计法(Maximum Likelihood)、主轴因子法(Principal Axis Factoring)、α因子法(Alpha Factoring)、多元回归法(Image Factoring)。本实验中可采用主成分分析法(Principal Components)。主成分分析法和公因子分析法是两种主要的寻找公因子的方法,前者主要考虑变量的全部方差,而后者则着重考虑共同方差。主成分分析法是一种值得推荐的方法,同时也是应用比较广泛的一种方法。

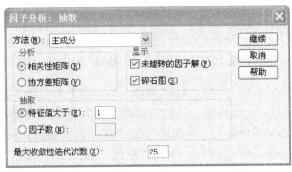

图10.6 "因子分析:抽取"对话框

① 在"分析(Analyze)"选项区域中,系统指定可以使用变量的相关性矩阵或变量的协方差矩阵进行提取因子的分析。如果参与分析的变量的测度单位不同,则应该选择变量的相关矩阵;反之,则应该选择变量的协方差矩阵。本实验中选中"相关性矩阵(Correlation Matrix)"单选按钮。

② 在"抽取(Extract)"选项区域中,系统提供了两种确定因子数目的方法:特征值法和主观指定因子数目法。特征值法是选用较多的判断方法。因子对应的特征值就是因子所能解释的方差大小,而由于标准化变量的方差为1,因此特征值法要求保留因子特征值大于1的那些因子。这意味着要求所保留的因子至少能够解释一个变量的方差。需要注意的是,如果变量的数目少于20,该方法通常会给出一个比较保守的因子数目。本实验中保持系统默认选项。

③ 在"显示(Display)"选项区域中,系统指定与因子提取有关的输出项,本实验勾选"未旋转的因子解(Unrotated Factor Solutuin)"和"碎石图(Scree Plot)"复选框。

④ 单击"继续(Continue)"按钮,返回"因子分析(Factor Analysis)"对话框。

(4) 单击"旋转(Rotation)"按钮,打开如图10.7所示的"因子分析:旋转(Factor Analysis: Rotation)"对话框,系统提供了无(None)、最大方差法(Varimax)、平均正交旋转(Equamax)、最大四次方值法(Quartimax)、直接斜交旋转(Direct Oblimin)和斜交旋转(Promax)6种因子旋转方法。

因子旋转为因子解释提供了便利。因子旋转的目的是使某些变量在某个因子上的负载较高,而在其他因子上的负载则显著的低,这事实上是依据因子对变量进行更好的"聚类"。同时,一个合理的要求是这种旋转应不影响共同度和全部所能解释的方差比例。因子模型本身的协方差结构在正交阵下的"不可识别性"决定了因子旋转的可行性。其中以最大方差法最为常用，本实验中选中"最大方差法"单选按钮，其他选项保持系统默认。单击"继续(Continue)"按钮，返回"因子分析(Factor Analysis)"对话框。

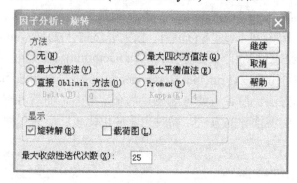

图 10.7　"因子分析：旋转"对话框

(5) 单击"得分(Scores))"按钮，打开如图 10.8 所示的"因子分析：因子得分(Factor Analysis:Scores)"对话框，系统提供了 3 种估计因子得分系数的方法："回归(Regression)"、"Bartlett"和"Anderson-Rubin"。本实验勾选"保存为变量(Save as variables)"复选框，并选中"回归(Regression)"单选按钮。单击"继续(Continue)"按钮，回到"因子分析"对话框，单击"确定(OK)"按钮，系统执行运算并输出有关分析结果。

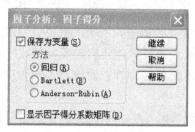

图 10.8　"因子分析：因子得分"对话框

(6) 部分重要结果解释。分析因子分析结果时，首先要看的是 KMO 和 Bartlett 检验的值，表 10-8 给出的 KMO 值为 0.697，小于 0.7，但大于 0.5。效果差一些，但可供参考。Bartlett 检验值 $Sig.$=0.000，变量间的相关性不显著，故可以做因子分析。

表 10-8　KMO 和 Bartlett 的检验

取样足够度的 Kaiser-Meyer-Olkin 度量		.697
Bartlett 的球形度检验	近似卡方检验	118.995
	df	21
	Sig.	.000

相关矩阵表显示，大部分变量之间相关度较好，适合做因子分析(表略)。表 10-9 所示是变量的共同度，其中的 Extraction 一栏表示共同度的值。因为共同度取值区间为[0, 1]，所以不妨认为共同度的值是一个比率，如固定资产率的共同度为 0.831，可以看做两个公共因子能够解释固定资产率方差的 83.1%。

第10章 主成分分析与因子分析

表 10-9 公因子方差

	初始	提取
固定资产率/(%)	1.000	.833
固定资产利率/(%)	1.000	.914
资金利率/(%)	1.000	.947
资金利税率/(%)	1.000	.888
流动资金周转天数	1.000	.768
销售收入利税率/(%)	1.000	.775
全员劳动生产率/(万元/人年)	1.000	.681

提取方法：主成分分析。

表 10-10(说明的总方差表)中，初始特征值一栏中的合计便是每个公共因子的方差贡献值，系统计算出全部 7 个因子的方差贡献值，并按降序排列。"方差的 %"是每个因子的方差贡献占总方差的比率，即方差贡献率。其后的"提取平方和载入"表示在未经旋转时，被提取的两个公共因子(表中为第一、第二因子)各自方差贡献值以及方差贡献率。从中可以看到，在未经旋转时，提取的第一公共因子的方差值为 4.563，方差贡献率为 65.188%；第二公共因子的方差值为 1.243，方差贡献率为 17.754%。同时，两个公共因子可以解释总方差的 82.943%，即总体近 83%的信息可以由这两个公共因子来解释。这就相当于选出两个代表，他们可以代表选民近 83%的要求。最后一栏"旋转平方和载入"表示经过方差旋转后，得到的新公共因子的方差贡献值、方差贡献率和累计方差贡献率。可以看到，和未经旋转相比，每个因子的方差贡献值有变化，但累计方差贡献率不变。

表 10-10 说明的总方差

成分	初始特征值			提取平方和载入			旋转平方和载入		
	合计	方差贡献率/(%)	累积/%	合计	方差贡献率/(%)	累积/%	合计	方差贡献率/(%)	累积/%
1	4.563	65.188	65.188	4.563	65.188	65.188	4.171	59.589	59.589
2	1.243	17.754	82.943	1.243	17.754	82.943	1.635	23.354	82.943
3	.632	9.030	91.973						
4	.374	5.346	97.319						
5	.137	1.958	99.277						
6	.037	.525	99.801						
7	.014	.199	100.000						

提取方法：主成分分析。

特征值的贡献还可以从 SPSS 的碎石图看出。从图 10.9 中可以看到成分 1 和成分 2 的特征值大于 1，其他的特征值小于 1。

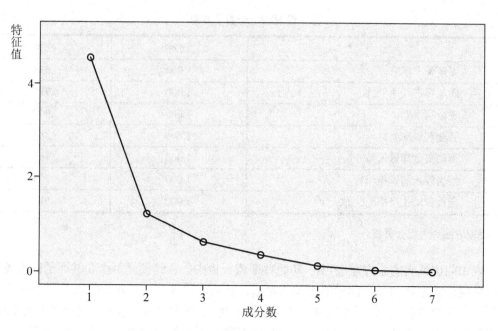

图 10.9　碎石图

表 10-11 和表 10-12 所示是两张因子载荷矩阵表，第一张是未经旋转的，第二张是旋转后的。明显可以看到，旋转后的载荷矩阵比未旋转时更容易解释因子意义。现以旋转后的载荷矩阵为例说明。由于因子载荷是变量与公共因子的相关系数，因此对一个变量来说，载荷绝对值较大的因子与它关系更密切，也更能代表这个变量。按照这一观点，第一因子更能代表固定资产率、固定资产利率、资金利率、资金利税率和销售收入利税率，而第二因子则更适合代表流动资金周转天数和全员劳动生产率。从而可见，第一因子主要代表企业的固定实力(固定资产与资金)，第二因子主要代表企业的管理水平。

表 10-11　成分矩阵(a)

	成分	
	1	2
固定资产率/(%)	.892	.194
固定资产利率/(%)	.956	-.009
资金利率/(%)	.936	.265
资金利税率/(%)	.895	.296
流动资金周转天数	-.275	.832
销售收入利税率/(%)	.871	-.123
全员劳动生产率/(万元/人年)	.583	-.583

提取方法：主成分分析法。

a：已提取了两个成分。

第10章 主成分分析与因子分析

表 10-12 旋转成分矩阵(a)

	成分	
	1	2
固定资产率/(%)	.904	.125
固定资产利率/(%)	.895	.337
资金利率/(%)	.970	.073
资金利税率/(%)	.942	.030
流动资金周转天数	.028	-.876
销售收入利税率/(%)	.776	.415
全员劳动生产率/(万元/人年)	.348	.748

提取方法：主成分分析法。
旋转法：具有 Kaiser 标准化的正交旋转法。
a：旋转在 3 次迭代后收敛。

数据视图，如图 10.10 所示，通过数据视图可以看到，数据中多了 FCA1_1 和 FCA2_1 两个变量，而这两个变量可以作为其他分析如回归分析、相关分析的基础。

id	name	x1	x2	x3	x4	x5	x6	x7	FAC1_1	FAC2_1
1	康佳电子	55.25	16.68	18.40	26.75	55	31.84	1.75	-.61657	.72468
2	中石国化	59.82	19.70	19.20	27.56	55	32.94	2.87	-.47027	2.02058
3	科力元	46.78	16.24	16.24	23.40	65	32.98	1.53	-.67556	-.38866
4	三星集团	34.39	7.29	4.76	8.97	62	21.30	1.63	-2.1728	.09523
5	数源科技	75.32	29.45	43.68	56.49	69	40.74	2.14	2.09940	-.76253
6	中华电子	66.46	32.93	33.87	42.78	50	47.98	2.60	1.01615	2.28242
7	云南白药	68.18	25.39	27.56	37.85	63	33.76	2.43	.61810	.47609
8	中国平安	56.13	15.05	14.21	19.49	76	27.21	1.75	-.45133	-1.38604
9	白云制药	59.25	19.82	20.17	28.78	71	33.41	1.83	.11702	-.80820
10	水井坊	52.47	21.13	26.52	35.20	62	39.16	1.73	.20222	.02696
11	浙江震元	55.76	16.75	19.23	28.72	58	29.62	1.52	-.48287	.06206
12	岭南通讯	61.19	15.83	17.43	28.03	61	26.40	1.60	-.44203	-.24775
13	华南冰箱	50.41	16.53	20.63	29.73	69	32.49	1.31	-.17440	-1.21328
14	潮洲二轻	67.95	22.24	37.00	54.59	63	31.05	1.57	1.17645	-.95765
15	稀土高科	51.07	12.92	12.54	20.82	66	25.12	1.83	-.97249	-.31193

图 10.10 因子分析数据视图

10.2.5 实验总结

结合实验内容重复上述操作步骤，观察、整理、分析输出结果，得出分析结论，以本实验为出发点，查阅有关资料，撰写一份分析报告。

10.2.6 思考与练习

(1) 如何考察现有变量是否适合进行因子分析？
(2) 为什么要对初始因子分析结果进行旋转？
(3) 一般采用何种方法确定选择提取因子的数目？
(4) 如果本题要求所提取的公共因子能够解释变量总方差不低于 90%，至少应提取几个公共因子？试做因子分析。

(5) 现有某年奥林匹克运动会十项全能项目的34位运动员的成绩表,成绩表中包括100米、跳远、铅球、跳高、400米、110栏、铁饼、撑杆跳高、标枪、1500米和总分共11个变量。利用因子分析法分析在信息尽可能损失少的情况下,运动项目是否可减少？利用SPSS给出因子分析过程,并做进一步说明(见数据文件"10-2.练习.sav")。

第 3 篇　综合应用篇

第 11 章　SPSS 在市场调查中的应用

市场调查是企业为了特定的市场营销决策，运用科学的方法，有目的、有计划、系统而客观地搜集、记录、整理、分析和解释有关市场的信息资料，从而了解市场的现状和发展变化趋势，为企业的经营决策和商情决策提供依据的过程。在问卷应用于市场调查的研究中，会有大量的检测数据需要进行统计分析，而 SPSS 技术的特点恰恰适合这种研究的要求。

11.1　实验目的

(1) 本实验将演示如何就较大规模的样本数据，选择适当的方法进行统计描述与统计推断。

(2) 通过本实验的操作，培养和提高学生迅速把握数据结构、灵活驾驭大规模数据的能力。

11.2　实验内容

CLOPO 轿车公司设计了客户满意度市场调查问卷，如表 11-1 所示，调研 CLOPO 轿车用户对外观、内饰、养车费用、驾乘安全性、舒适性、机械性能、售后服务和附加服务等方面的满意度情况，客户满意度调查问卷将满意度分为非常不满意、不满意、有些不满意、满意、非常满意五个层次。问卷中 50 名受访者的数据见"11-1.xls"。

作为一名数据分析人员，应当如何着手分析这些数据，并从中挖掘尽可能多的有用信息，从而对 CLOPO 轿车公司未来做相关决策时提供帮助？

表 11-1　客户满意度调查问卷

再次感谢您选择 CLOPO 轿车，本次调查的主要目的是通过对使用 CLOPO 轿车用户的满意度调查，为打造完美的 CLOPO，请您完成此问卷。

填表人基本信息

1. 性别： □男　　□女
2. 年龄 _____
3. 学历： □高中　　□大学　　□研究生

根据您的判断，直接在对应的数字上打"√"即可。

1.外观	非常不满意	不满意	有些不满意	满意	非常满意
a.颜色	1	2	3	4	5
b.车灯、车镜	1	2	3	4	5
c.天窗	1	2	3	4	5
d.门把手	1	2	3	4	5
2.内饰	非常不满意	不满意	有些不满意	满意	非常满意
a.储物柜	1	2	3	4	5
b.座位质地	1	2	3	4	5
c.方向盘	1	2	3	4	5
d.内饰颜色	1	2	3	4	5
e.仪表盘	1	2	3	4	5
3.养车费用	非常不满意	不满意	有些不满意	满意	非常满意
a.油耗	1	2	3	4	5
b.维修费用	1	2	3	4	5
c.保养费用	1	2	3	4	5
4.驾乘安全性	非常不满意	不满意	有些不满意	满意	非常满意
a.安全气囊	1	2	3	4	5
b.防盗措施	1	2	3	4	5
c.ABS系统	1	2	3	4	5
d.中控门锁	1	2	3	4	5
e.刹车制动系统	1	2	3	4	5
f.安全带	1	2	3	4	5
5.舒适性	非常不满意	不满意	有些不满意	满意	非常满意
a.噪声	1	2	3	4	5
b.储物空间	1	2	3	4	5
c.后座空间	1	2	3	4	5
d.阅读灯	1	2	3	4	5
e.减震	1	2	3	4	5
f.空调	1	2	3	4	5
g.音响系统	1	2	3	4	5
6.机械性能	非常不满意	不满意	有些不满意	满意	非常满意
a.操作时噪音	1	2	3	4	5

续表

b.加速性能	1	2	3	4	5
c.发动机性能	1	2	3	4	5
d.悬挂减震性能	1	2	3	4	5
e.雨刷	1	2	3	4	5
f.自/手动挡的操作	1	2	3	4	5
g.变速箱性能	1	2	3	4	5
h.刹车制动性能	1	2	3	4	5
7.售后服务	1	2	3	4	5
8.附加服务	1	2	3	4	5

11.3 实验步骤

1) 输入数据

转换 EXCEL 数据文件(11-1.xls)为 SPSS 数据文件“11-1.sav”。该数据文件的变量、类型及其标签等如图 11.1 所示。

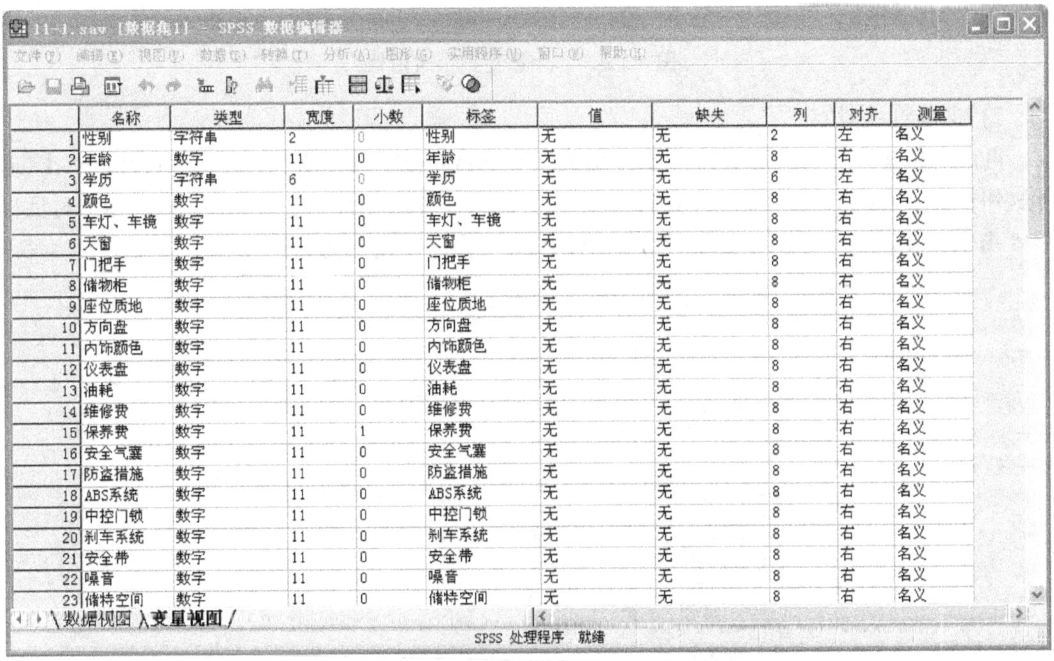

	名称	类型	宽度	小数	标签	值	缺失	列	对齐	测量
1	性别	字符串	2	0	性别	无	无	2	左	名义
2	年龄	数字	11	0	年龄	无	无	8	右	名义
3	学历	字符串	6	0	学历	无	无	6	左	名义
4	颜色	数字	11	0	颜色	无	无	8	右	名义
5	车灯、车镜	数字	11	0	车灯、车镜	无	无	8	右	名义
6	天窗	数字	11	0	天窗	无	无	8	右	名义
7	门把手	数字	11	0	门把手	无	无	8	右	名义
8	储物柜	数字	11	0	储物柜	无	无	8	右	名义
9	座位质地	数字	11	0	座位质地	无	无	8	右	名义
10	方向盘	数字	11	0	方向盘	无	无	8	右	名义
11	内饰颜色	数字	11	0	内饰颜色	无	无	8	右	名义
12	仪表盘	数字	11	0	仪表盘	无	无	8	右	名义
13	油耗	数字	11	0	油耗	无	无	8	右	名义
14	维修费	数字	11	0	维修费	无	无	8	右	名义
15	保养费	数字	11	1	保养费	无	无	8	右	名义
16	安全气囊	数字	11	0	安全气囊	无	无	8	右	名义
17	防盗措施	数字	11	0	防盗措施	无	无	8	右	名义
18	ABS系统	数字	11	0	ABS系统	无	无	8	右	名义
19	中控门锁	数字	11	0	中控门锁	无	无	8	右	名义
20	刹车系统	数字	11	0	刹车系统	无	无	8	右	名义
21	安全带	数字	11	0	安全带	无	无	8	右	名义
22	噪音	数字	11	0	噪音	无	无	8	右	名义
23	储特空间	数字	11	0	储特空间	无	无	8	右	名义

图 11.1　客户满意度调查问卷变量视图(部分)

2) 计算新变量

计算外观、内饰、养车费用、驾乘安全性、舒适性、机械性能、售后服务和附加服务等方面的平均满意度情况。选择【分析(Analyze)】→【转换(Transform)】→【计算(Compute)】命令，打开如图 11.2 所示的“计算变量”对话框。输入目标变量名和数学表达式，单击“确定”按钮即可得到新的变量。例如，计算外观的平均满意度如图 11.2 所示，将目标变量命名为“x1”，并输入表达式“(颜色 +车灯、车镜 + 天窗 + 门把手) / 4”，同理可得 x2、 x3、x4、x5、x6 等 6 个变量。x 变量代表总体满意度，该列数据由 x1、x2、x3、x4、x5、x6、x7 和 x8 相加所得。

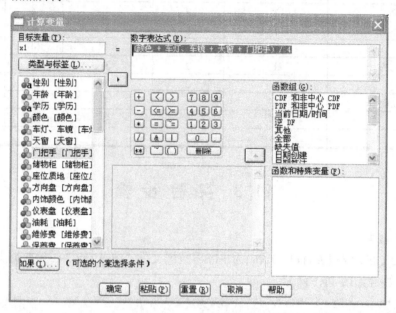

图 11.2 "计算变量"对话框

3) 描述性统计

(1) 选择【图形(Graphs)】→【互交式(Intercommunication)】→【饼图(Pie)】→【创建复式饼图(Create a Double-pie chart)】命令，打开如图 11.3 所示的"创建复式饼图"对话框。在"指定变量(specified Variable)"选项卡中将"学历"设置为分区依据。

图 11.3 "指定变量"选项卡

选择"饼图(Pies)"选项卡,在"分区标签(Distinguish Label)"选项区域中将"类别(Category)"、"值(Value)"、"计数(Number)"和"百分比(Percentage)"复选框全部勾选,在"定位(Location)"下拉列表中选择"全部在内(All Included)"选项,其他选项保持系统默认,如图 11.4 所示。

图 11.4 "饼图"选项卡

单击"确定"按钮可得到如图 11.5 所示的饼图。该图提供了关于调查对象学历方面的基本信息,可以看出,调查对象中具有大学学历的被调查者最多,共 28 人,占所有调查对象的 56%;其次是高中学历的被调查者,共 14 人,占所有调查对象的 28%;最后是研究生学历的被调查者共 8 人,占所有调查对象的 16%。按同样的操作方式,也可以得到以"性别"和"年龄"为分区变量的饼图。

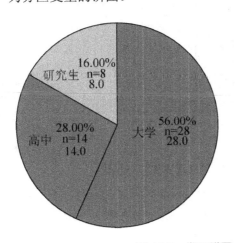

图 11.5 学历饼图

(2) 选项【分析(Analyze)】→【描述统计(Descriptive Statistics)】→【频率(Frequencies)】命令，打开如图 11.6 所示的"频率"对话框，将"外观满意度[x1]"变量选入"变量(Variable)"列表框中，单击"图表(Charts)"按钮，打开"频率：图表"对话框，选中选择"直方图(Histograms)"单选按钮，如图 11.7 所示。

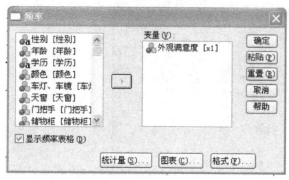

图 11.6　"频率"对话框

图 11.7　"频率：图表"对话框

单击"继续(Continue)"按钮返回"频率"对话框，单击"确定(OK)"按钮，可以得到平均外观满意度的直方图，如图 11.8 所示。按同样的操作方式，也可以得到变量的各类统计量和统计表。

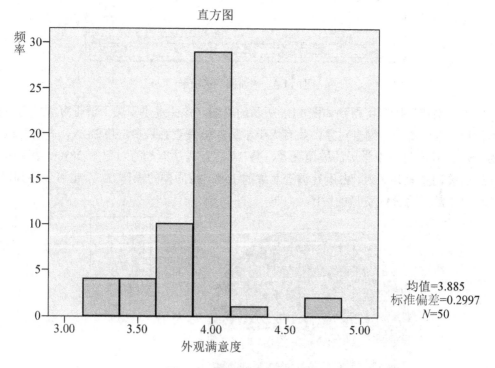

图 11.8　外观满意度的直方图

(3) 选择【分析(Analyze)】→【描述统计(Descriptive Statistics)】→【描述(Descriptives)】命令，打开如图 11.9 所示的"描述"对话框，将"颜色"、"车灯、车镜"、"天窗"和"门把手"等变量选入"变量(Variable)"列表框中。

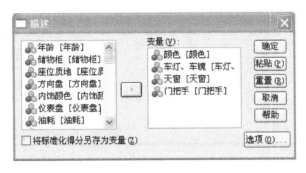

图 11.9 "描述"对话框

单击"确定"按钮，可以得到"颜色"、"车灯、车镜"、"天窗"和"门把手"等变量的描述统计量，如表 11-2 所示。

表 11-2 描述统计量

	N	极小值	极大值	均值	标准差
颜色	50	3	5	4.88	.385
车灯、车镜	50	2	5	4.84	.548
天窗	50	1	4	1.16	.650
门把手	50	3	5	4.66	.658
有效的 N(列表状态)	50				

按同样的操作方式，也可以得到各均值变量如外观满意度、内饰满意度、养车费用、驾乘安全性、舒适性、机械性能、售后服务、附加服务等的描述性统计各类统计量和统计表，如图 11.10 和表 11.3 所示。

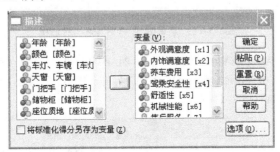

图 11.10 选择各均值变量

描述性统计可输出的图表信息有很多，建议读者按照需要输出相关信息。

表 11-3 各均值变量的描述统计量

	N	极小值	极大值	均值	标准差
外观满意度	50	3.25	4.75	3.8850	.29970
内饰满意度	50	3.4	4.8	4.324	.2854
养车费用	50	2.67	4.33	3.7733	.40091
驾乘安全性	50	3.83	4.83	4.2800	.24150
舒适性	50	3.43	4.86	3.9857	.28315

续表

	N	极小值	极大值	均值	标准差
机械性能	50	3.00	5.00	4.4875	.63298
售后服务	50	3	5	4.22	.582
附加服务	50	2	5	2.86	.833
有效的 N(列表状态)	50				

4) 方差分析

(1) 选择【分析(Analyze)】→【比较均值(Compare Means)】→【单因素方差分析(One-way ANOVA)】命令，打开如图 11.11 所示的"单因素 ANOVA"对话框。将变量"总体满意度"选入"因变量列表(Dependent List)"列表框中，将变量"学历"选入"因子(Factor)"列表框中(注：原始数据中学历为分类数据，需要读者将其转化为数值型，否则会无法进行此步操作)。

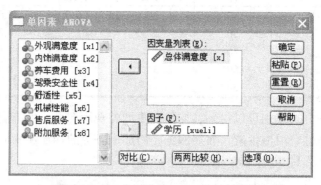

图 11.11 "单因素 ANOVA"对话框

单击"选项(Options)"按钮，打开"单因素 ANOVA：选项"对话框，勾选"方差同质性检验(Homogeneity of Variance Test)"复选框，如图 11.12 所示，单击"继续(Continue)"按钮返回"单因素 ANOVA"对话框。

图 11.12 "单因素 ANOVA：选项"对话框

单击"两两比较(Post Hoc)"按钮，打开"单因素 ANOVA：两两比较"对话框，如图 11.13 所示。勾选"假定方差齐性(Equal Variances Assumed)"选项区域中的"LSD"复选框,勾选"未假定方差齐性(Equal Variances Not Assumed)"选项区域中的"Tamhane's T2"复选框,单击"继续(Continue)"按钮返回"单因素 ANOVA"对话框。通过该对话框可知,如果结果是方差齐性,应该选择"LSD"的 T 检验结果;如果结果不是方差齐性,应该选择"Tamhane's T2" T 检验结果。

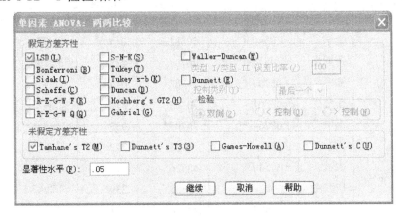

图 11.13 "单因素 ANOVA:两两比较"对话框

(2) 结果分析。方差齐性检验结果显示显著性概率 $P=0.590$,大于 0.05,表示 3 个组的数据具有方差齐性,这决定了如何读"多重比较结果表",如表 11-4 所示。

表 11-4 方差齐性检验

总体满意度

Levene 统计量	df1	df2	显著性
.533	2	47	.590

表 11-5 中的第 6 列 f 统计量的显著性概率,用于检验显著性。此处,$P=0.052$,大于 0.05,所以拒绝假设 H_0,即不同学历调查对象的总体满意水平没有差异。但在 0.1 显著性水平下,则可以认为不同学历调查对象的总体满意水平有差异(因为 $P=0.052$,小于 0.1)。

表 11-5 方差分析(ANOVA)表

总体满意度

	平方和	df	均方	F	显著性
组间	15.562	2	7.781	3.149	.052
组内	116.149	47	2.471		
总数	131.711	49			

多重比较结果,给出了"LSD"和"Tamhane's"两两 T 检验的结果,由于前面已经得出具有方差齐性的结论,所以这里应当读取"具有方差齐性"的"LSD"的 T 检验结果。该表格还用"*"标出两两均值之间是否有显著差异。

表 11-6　多重比较结果表

因变量：总体满意度

	(I)学历	(J)学历	均值差(I-J)	标准误	显著性	95% 置信区间	
						下限	上限
LSD	高中	大学	-1.05403(*)	.50881	.044	-2.0776	-.0304
		研究生	-1.68764(*)	.76707	.033	-3.2308	-.1445
	大学	高中	1.05403(*)	.50881	.044	.0304	2.0776
		研究生	-.63361	.70303	.372	-2.0479	.7807
	研究生	高中	1.68764(*)	.76707	.033	.1445	3.2308
		大学	.63361	.70303	.372	-.7807	2.0479
Tamhane	高中	大学	-1.05403	.48926	.117	-2.3013	.1932
		研究生	-1.68764	.86385	.239	-4.2945	.9192
	大学	高中	1.05403	.48926	.117	-.1932	2.3013
		研究生	-.63361	.81650	.847	-3.2443	1.9771
	研究生	高中	1.68764	.86385	.239	-.9192	4.2945
		大学	.63361	.81650	.847	-1.9771	3.2443

* 均值差的显著性水平为.05。

5) 相关分析

通过变量之间的相关性分析，初步了解各变量之间相关性高低，为分析数据提供参考依据。操作步骤如下。

选择【分析(Analyze)】→【相关(Correlate)】→【双变量(Bivariate)】命令，打开如图 11.14 所示的"双变量相关"对话框。变量的选择及参数设置如图 11.14 所示(x1~x8)。

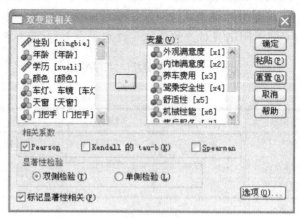

图 11.14　"双变量相关"对话框

相关性分析结果如表 11-7 所示，从表中可以看出，大部分变量之间相关性程度不高。当然，也可以同样选择【分析(Analyze)】→【相关(Correlate)】→【偏相关(Partial)】命令和【分析(Analyze)】→【相关(Correlate)】→【距离(Distance)】命令,得到其他类型的相关分析结果。

表 11-7 相关性分析结果

		外观满意度	内饰满意度	养车费用	驾乘安全性	舒适性	机械性能	售后服务	附加服务
外观满意度	Pearson 相关性	1	-.188	.161	-.004	-.286(*)	.288(*)	.177	-.045
	显著性(双侧)		.192	.265	.977	.044	.042	.218	.754
	N	50	50	50	50	50	50	50	50
内饰满意度	Pearson 相关性	-.188	1	-.237	-.257	-.043	-.104	.029	.023
	显著性(双侧)	.192		.098	.071	.769	.471	.841	.874
	N	50	50	50	50	50	50	50	50
养车费用	Pearson 相关性	.161	-.237	1	.130	-.098	.247	.160	-.077
	显著性(双侧)	.265	.098		.367	.500	.084	.267	.597
	N	50	50	50	50	50	50	50	50
驾乘安全性	Pearson 相关性	-.004	-.257	.130	1	.131	.276	-.084	-.004
	显著性(双侧)	.977	.071	.367		.365	.052	.561	.978
	N	50	50	50	50	50	50	50	50
舒适性	Pearson 相关性	-.286(*)	-.043	-.098	.131	1	-.078	.320(*)	.103
	显著性(双侧)	.044	.769	.500	.365		.589	.023	.478
	N	50	50	50	50	50	50	50	50
机械性能	Pearson 相关性	.288(*)	-.104	.247	.276	-.078	1	.215	-.028
	显著性(双侧)	.042	.471	.084	.052	.589		.133	.849
	N	50	50	50	50	50	50	50	50
售后服务	Pearson 相关性	.177	.029	.160	-.084	.320(*)	.215	1	.317(*)
	显著性(双侧)	.218	.841	.267	.561	.023	.133		.025
	N	50	50	50	50	50	50	50	50
附加服务	Pearson 相关性	-.045	.023	-.077	-.004	.103	-.028	.317(*)	1
	显著性(双侧)	.754	.874	.597	.978	.478	.849	.025	
	N	50	50	50	50	50	50	50	50

* 在 0.05 水平(双侧)上显著相关。

11.4 实 验 总 结

结合实验内容参考上述操作步骤自主选择分析方法,并完成相关的 SPSS 操作,观察和整理输出结果,得出分析结论。查阅有关资料,撰写一份主题明确、论证充分的分析报告。分析报告中应包含以下要点:

(1) 问题的提出;
(2) 变量设置的理由;

(3) 数据搜集的基本方法和过程；
(4) 数据的结构特点；
(5) 分析方法的选择；
(6) 分析过程中的主要步骤及其结果的评述；
(7) 数据对有关模型理论假设的符合程度；
(8) 分析结论。

11.5　思考与练习

(1) 市场调查问卷分析中，你会选择分析哪些项目？为什么？
(2) 以本章案例的数据为分析对象，思考如何进行多因素方差分析。
(3) 你觉得本案例中问卷设计存在的哪些问题？并谈谈如何改进。

第12章 SPSS 在金融分析中的作用

在证券行业中,统计分析是一个成熟和必要的工具。随着中国证券市场的发展,中国证券行业也越来越重视统计方法的应用。SPSS 软件也是该行业从业人员经常使用的工具之一。本章将通过对食品饮料 52 支股票的分析,介绍 SPSS 14.0 在证券市场选择股票中的应用。

12.1 实 验 目 的

(1) 准确演示如何就现成的股票财务指标样本数据,选择适当的统计方法,由表及里、由浅入深地进行数据的整理、加工、计算和分析。

(2) 熟悉掌握数据分析的一般程序和步骤,提高综合运用各种统计方法分析问题和解决问题的能力。

12.2 实 验 内 容

证券市场上,每一个投资者都希望通过买卖股票获得良好利益,而选择股票就是选择上市公司。因此,如何选择上市公司就显得尤为重要。理性的投资者在选择股票时,一般都会对上市公司的方方面面进行一番分析。而对上市公司财务状况的分析,则几乎成为每一位投资者关注的重点。上市公司的财务状况是上市公司经营状况的货币反映,也是评价上市公司股票质量的主要依据,掌握准确的上市公司财务资料并进行科学合理的分析,关系到投资风险的合理规避和投资收益的有效保障。

财务分析的对象是上市公司定期公布的财务报表。财务报表是对公司资金运行和财务状况的定量描述,是公司经营状况的"晴雨表"。本实验从同花顺数据库中收集到 2011 年第三季度的 52 家食品饮料上市公司财务数据(见数据文件"12-1.sav"),选取主要财务指标有以下 11 种:V4—每股盈利、V5—每股净资产、V6—流通市值、V7—总市值、V8—净利润、V9—净资产、V10—市盈率、V11—市净率、V12—利润总额、V13—主营收入、V14—资产负债率,同时还选取了 V1—代码、V2—股票名称、V3—星级三个其他指标,需要说明的是 V3—星级是同花顺公司给上市公司的评分。本实验将重点研究主要财务指标是否可以降维及同花顺公司给上市公司的评分是否与上市公司的财务状况存在因果关系,变量视图如图 12.1 所示。

	名称	类型	宽度	小数	标签	值	缺失	列	对齐	测量
1	V1	字符串	8	0	代码	无	无	8	左	名义
2	V2	字符串	8	0	股票名称	无	无	8	左	名义
3	V3	数字	4	2	星级	无	无	4	右	名义
4	V4	数字	8	2	每股盈利	无	无	8	右	名义
5	V5	数字	11	2	每股净资产	无	无	11	右	名义
6	V6	数字	11	0	流通市值	无	无	11	右	名义
7	V7	数字	10	0	总市值	无	无	10	右	名义
8	V8	数字	11	0	净利润	无	无	11	右	名义
9	V9	数字	11	0	净资产	无	无	11	右	名义
10	V10	数字	8	2	市盈率	无	无	8	右	名义
11	V11	数字	10	2	市净率	无	无	10	右	名义
12	V12	数字	11	0	利润总额	无	无	11	右	名义
13	V13	数字	8	1	主营收入	无	无	8	右	名义
14	V14	数字	12	2	资产负债率	无	无	12	右	名义

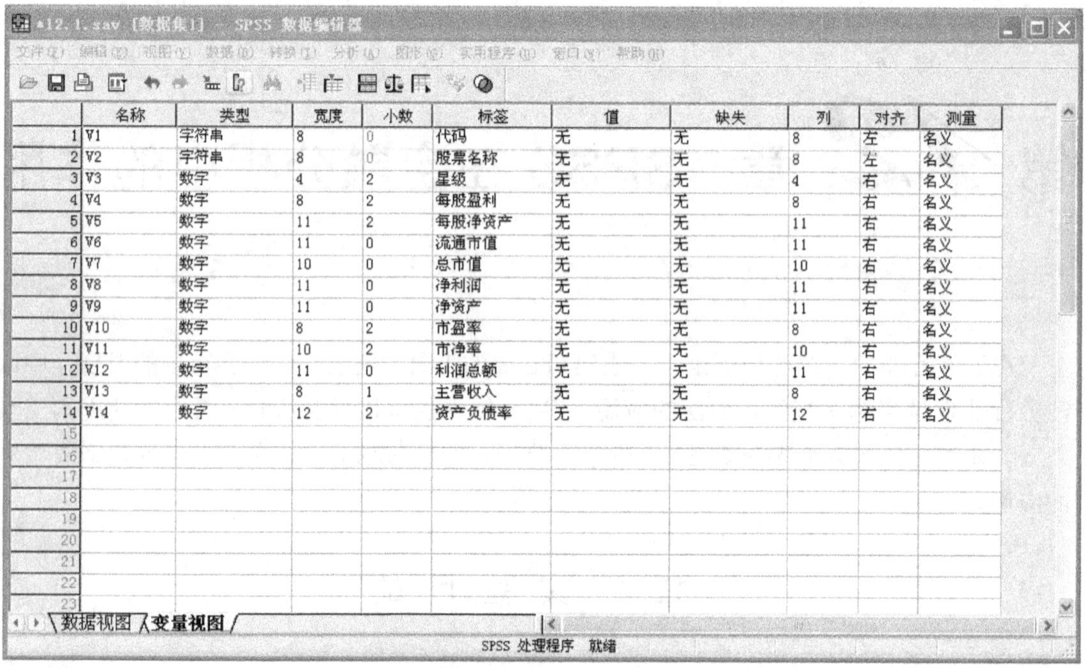

图 12.1　变量设置视图

12.3　实 验 步 骤

下面介绍如何通过 SPSS 软件对证券数据进行分析。

1) 数据转化

由于 11 个财务指标变量的单位不同，所以在进行数据处理前，有必要对其进行标准化处理。选择【分析(Analyze)】→【描述统计(Descriptive Statistics)】→【描述(Descriptives)】命令，打开“描述(Descriptives)”对话框。

将 11 个变量选入“变量(Variables)”列表框中，并勾选“将标准化得分另存为变量(Save Standardized Values as Variables)”复选框，表示将标准化值以变量方式保存。其他设置保持默认，如图 12.2 所示。单击“确定(OK)”按钮，提交系统运行。

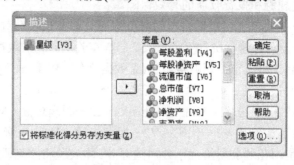

图 12.2　“描述”对话框

运行结果产生 11 个新变量，新变量名以字母“Z”加原变量名构成。新变量存储的是样本的标准化值，如图 12.3 所示。

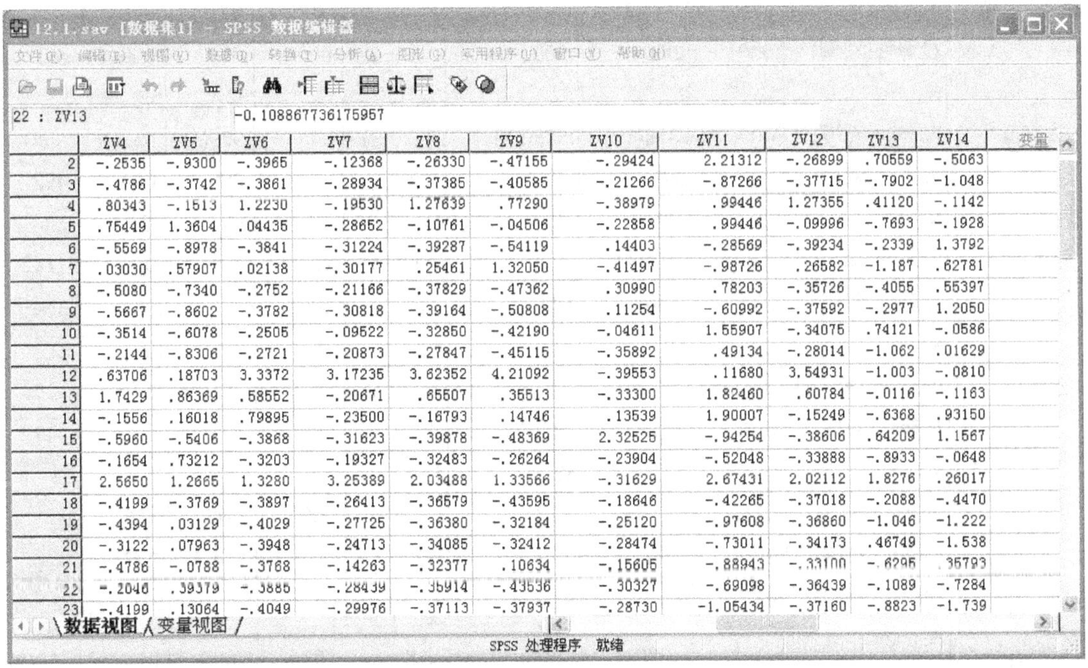

	ZV4	ZV5	ZV6	ZV7	ZV8	ZV9	ZV10	ZV11	ZV12	ZV13	ZV14	变量
2	-.2535	-.9300	-.3965	-.12368	-.26330	-.47155	-.29424	2.21312	-.26899	.70559	-.5063	
3	-.4786	-.3742	-.3861	-.28934	-.37385	-.40585	-.21266	-.87266	-.37715	-.7902	-1.048	
4	.80343	-.1513	1.2230	-.19530	1.27639	.77290	-.38979	.99446	1.27355	.41120	-.1142	
5	.75449	1.3604	.04435	-.28652	-.10761	-.04506	-.22858	.99446	-.09996	-.7693	-.1928	
6	-.5569	-.8978	-.3841	-.31224	-.39287	-.54119	.14403	-.28569	-.39234	-.2339	1.3792	
7	.03030	.57907	.02138	-.30177	.25461	1.32050	-.41497	-.98726	.26582	-1.187	.62781	
8	-.5080	-.7340	-.2752	-.21166	-.37829	-.47362	.30990	.78203	-.35726	-.4055	.55397	
9	-.5667	-.8602	-.3782	-.30818	-.39164	-.50808	.11254	-.60992	-.37592	-.2977	1.2050	
10	-.3514	-.6078	-.2505	-.09522	-.32850	-.42190	-.04611	1.55907	-.34075	.74121	-.0586	
11	-.2144	-.8306	-.2721	-.20873	-.27847	-.45115	-.35892	.49134	-.28014	-1.062	.01629	
12	.63706	.18703	3.3372	3.17235	3.62352	4.21092	-.39553	.11680	3.54931	-1.003	-.0810	
13	1.7429	.86369	.58552	-.20671	.65507	.35513	-.33300	1.82460	.60784	-.0116	-.1163	
14	-.1556	.16018	.79895	-.23500	-.16793	.14746	.13539	1.90007	-.15249	-.6368	.93150	
15	-.5960	-.5406	-.3868	-.31623	-.39878	-.48369	2.32525	-.94254	-.38606	.64209	1.1567	
16	-.1654	.73212	-.3203	-.19327	-.32483	-.26264	-.23904	-.52048	-.33888	-.8933	-.0648	
17	2.5650	1.2665	1.3280	3.25389	2.03488	1.33566	-.31629	2.67431	2.02112	1.8276	.26017	
18	-.4199	-.3769	-.3897	-.26413	-.36579	-.43595	-.18646	-.42265	-.37018	-.2088	-.4470	
19	-.4394	.03129	-.4029	-.27725	-.36380	-.32184	-.25120	-.97608	-.36860	-1.046	-1.222	
20	-.3122	.07963	-.3948	-.24713	-.34085	-.32412	-.28474	-.73011	-.34173	.46749	-1.538	
21	-.4786	-.0788	-.3768	-.14263	-.32377	.10634	-.15605	-.88943	-.33100	-.6295	.35793	
22	-.2046	.39379	-.3885	-.28439	-.35914	-.43536	-.30327	-.69098	-.36439	-.1089	-.7284	
23	-.4199	.13064	-.4049	-.29976	-.37113	-.37937	-.28730	-1.05434	-.37160	-.8823	-1.739	

图 12.3 新生产变量

2) 数据间的相互关系

接下来需要计算这 11 个变量两两间的相互关系。选择【分析(Analyze)】→【相关(Correlate)】→【两两相关(Bivariate)】命令，打开“双变量相关(Bivariate Correlations)”对话框。将 11 个标准化的变量选入“变量(Variables)”列表框，勾选“Pearson”复选框，其他保持默认设置。

单击“确定(OK)”按钮，提交系统运行。 执行以上操作后，计算出变量相关系数矩阵，如表 12-1 所示。

表 12-1 变量间相关系数矩阵

		星级	每股盈利	每股净资产	流通市值	总市值	净利润	净资产	市盈率
星级	Pearson 相关性	1	.608(**)	.476(**)	.516(**)	.409(**)	.532(**)	.496(**)	-.162
	显著性(双侧)		.000	.000	.000	.003	.000	.000	.250
	N	52	52	52	52	52	52	52	52
每股盈利	Pearson 相关性	.608(**)	1	.791(**)	.847(**)	.818(**)	.855(**)	.741(**)	-.194
	显著性(双侧)	.000		.000	.000	.000	.000	.000	.168
	N	52	52	52	52	52	52	52	52
每股净资产	Pearson 相关性	.476(**)	.791(**)	1	.595(**)	.578(**)	.605(**)	.572(**)	-.226
	显著性(双侧)	.000	.000		.000	.000	.000	.000	.108
	N	52	52	52	52	52	52	52	52

续表

		星级	每股盈利	每股净资产	流通市值	总市值	净利润	净资产	市盈率
流通市值	Pearson 相关性	.516(**)	.847(**)	.595(**)	1	.911(**)	.973(**)	.920(**)	-.114
	显著性(双侧)	.000	.000	.000		.000	.000	.000	.422
	N	52	52	52	52	52	52	52	52
总市值	Pearson 相关性	.409(**)	.818(**)	.578(**)	.911(**)	1	.929(**)	.852(**)	-.097
	显著性(双侧)	.003	.000	.000	.000		.000	.000	.492
	N	52	52	52	52	52	52	52	52
净利润	Pearson 相关性	.532(**)	.855(**)	.605(**)	.973(**)	.929(**)	1	.957(**)	-.142
	显著性(双侧)	.000	.000	.000	.000	.000		.000	.314
	N	52	52	52	52	52	52	52	52
净资产	Pearson 相关性	.496(**)	.741(**)	.572(**)	.920(**)	.852(**)	.957(**)	1	-.163
	显著性(双侧)	.000	.000	.000	.000	.000	.000		.247
	N	52	52	52	52	52	52	52	52
市盈率	Pearson 相关性	-.162	-.194	-.226	-.114	-.097	-.142	-.163	1
	显著性(双侧)	.250	.168	.108	.422	.492	.314	.247	
	N	52	52	52	52	52	52	52	52
Zscore：资产负债率	Pearson 相关性	-.102	-.080	-.306(*)	.026	-.016	-.006	.014	.339(*)
	显著性(双侧)	.473	.571	.028	.854	.911	.967	.923	.014
	N	52	52	52	52	52	52	52	52

** 在.01 水平(双侧)上显著相关。

* 在 0.05 水平(双侧)上显著相关。

从表 12-1 可以看出，上市公司 11 个主要财务指标之间存在较强的相关关系。在建立模型时，可以考虑进行降维处理，将 11 个指标浓缩成更少的指标表示，因此可采用因子分析。

3) 因子分析

因子分析的步骤如下。选择【分析(Analyze)】→【数据将维(Data Reduction)】→【因子分析(Factor Analysis)】命令，打开"因子分析(Factor Analysis)"对话框。将 11 个标准化的变量选入"变量(Variables)"列表框中。

单击"描述(Descriptives)"按钮，在打开的因子分析："描述统计"对话框中勾选"相关矩阵(Correlation Matrix)"选项区域的"KMO 和 Bartlett 的球形度检验(KMO and Bartlett's Test of Sphericity)"复选框，输出因子 KMO 和 Bartlett 检验。单击"继续(Continue)"按钮回到"因子分析"对话框。

单击"旋转(Rotation)"按钮，在打开的"因子分析：旋转(Factor Analysis：Rotation)"对话框中，选中"最大方差法(Varimax)"单选按钮。其他保持默认选项。单击"继续(Continue)"按钮回到"因子分析"对话框。

单击"得分(Scores)"按钮，在打开的"因子分析：因子得分(Factor Analysis：Factor

Scores)"对话框中,勾选"保存为变量(Save as Variables)"复选框,即将各样本因子得分以变量形式存储。其他保持默认选项。单击"继续(Continue)"按钮回到"因子分析"对话框。单击"确定(OK)"按钮,提交系统运行。

执行以上操作后,生成的 KMO 和 Bartlett 的检验表如表 12-2 所示,KMO 值为 0.811,在 0.7 以上,同时 Bartlett 的球形度检验卡方值为 914.199,相应的概率值 $P=.000$,小于 0.01,比较适合做因子分析。

表 12-2 KMO and Bartlett's 检验结果表

取样足够度的 Kaiser-Meyer-Olkin 度量		.811
Bartlett 的球形度检验	近似卡方	914.199
	df	55
	Sig.	.000

说明的总方差表如表 12-3 所示,是主成分表。从表格中可以看出第一主成分特征根是 6.164,解释了总变异的 56.032%;第二主成分特征根是 1.650,解释了总变异的 14.997%;第三主成分特征根是 0.955,小于 1,不能作为一个主成分。所以上述前两个主成分合计解释了总变异的 71.029%,能够解释绝大部分变量。因此,对原始的 11 个变量指标提出前 2 个主成分。

表 12-3 说明的总方差表

成分	初始特征值			提取平方和载入			旋转平方和载入		
	合计	方差贡献率/(%)	累积/(%)	合计	方差贡献率/(%)	累积/(%)	合计	方差贡献率/(%)	累积/(%)
1	6.164	56.032	56.032	6.164	56.032	56.032	6.096	55.416	55.416
2	1.650	14.997	71.029	1.650	14.997	71.029	1.717	15.613	71.029
3	.955	8.680	79.709						
4	.912	8.288	87.997						
5	.615	5.593	93.589						
6	.445	4.042	97.632						
7	.126	1.145	98.776						
8	.078	.711	99.487						
9	.044	.402	99.889						
10	.012	.108	99.998						
11	.000	.002	100.000						

提取方法:主成分分析。

表 12-4 是旋转后的因子负荷矩阵。从旋转结果可以看出:第一主成分 F1 在每股盈利、每股净资产、流通市值、总市值、净利润、净资产上有较大的负荷数,说明了第一主成分反映了上市公司资产及利润状况;第二主成分 F2 在市盈率、资产负债率等方面有较大的负荷数,是反映公司估值与负债状况成分。

表 12-4 旋转后的因子负荷矩阵

	成分	
	1	2
Zscore: 每股盈利	.912	-.115
Zscore: 每股净资产	.666	-.439
Zscore: 流通市值	.974	-.016
Zscore: 总市值	.937	-.004
Zscore: 净利润	.983	-.050
Zscore: 净资产	.922	-.110
Zscore: 市盈率	-.127	.639
Zscore: 市净率	.420	.419
Zscore: 利润总额	.984	-.047
Zscore: 主营收入	-.121	.531
Zscore: 资产负债率	.044	.793

提取方法：主成分分析法。
旋转法：具有 Kaiser 标准化的正交旋转法。
a：旋转在 3 次迭代后收敛。

4) 回归分析

(1) 选择【分析(Analyze)】→【回归(Regression)】→【线性(Linear)】命令，打开如图 12.4 所示"线性回归(Linear Regression)"对话框。将变量"星级"选入"因变量(Dependent)"列表框中，作为线性回归分析的被解释变量，将变量"FAC1_1"和"FAC2_1"选入"自变量(Independent)"列表框中，作为解释变量。在"方法((Method))"下拉列表中指定自变量进入分析的方式，通过选择不同的方法，可对相同的变量建立不同的回归模型。本实验中保持默认选项，读者可以参考 7.3 节相关内容选择其他自变量进入。

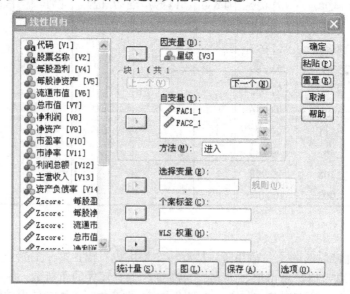

图 12.4 "线性回归"对话框

(2) 单击"统计量(Statistics)"按钮,打开"线性回归。统计量(Linear Regression:Statistics)"对话框。勾选"估计(Estimates)"、"模型拟合(Model Fit)"、"描述性(Descriptives)"及"协方差距阵"复选框,并如图 12.5 所示设置残差。设置完毕后,单击"继续(Continue)"按钮返回到"线性回归"对话框。

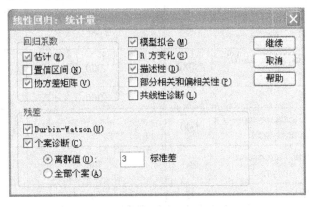

图 12.5 "线性回归:统计量"对话框

(3) 单击"选项(Options)"按钮,打开"线性回归。选项(Linear Regression:Options)"对话框,如图 12.6 所示。在"步进方法标准(Stepping Method Criteria)"选项区域中选中"使用 F 的值(Use Probability of F)"单选按钮,并在"进入(Entry)"参数框中输入"0.10",在"删除(Removal)"参数框中输入"0.11"。设置完毕后,单击"继续"按钮,返回"线性回归"对话框。

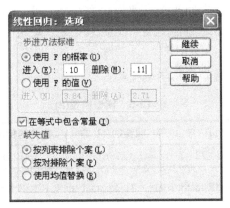

图 12.6 "线性回归:选项"对话框

(4) 单击"确定(OK)"按钮,执行多元线性回归分析操作。

5) 线性回归分析的部分结果分析

表 12-5 给出了相关系数矩阵表,该表显示各变量间的相关系数,以及关于相关关系等于零的假设的单尾显著性检验 P 值及例数 N。

表 12-5 相关性

		星级	REGR factor score 1 for analysis 1	REGR factor score 2 for analysis 1
Pearson 相关性	星级	1.000	.563	−.082
	REGR factor score 1 for analysis 1	.563	1.000	.000
	REGR factor score 2 for analysis 1	−.082	.000	1.000
显著性(单侧)	星级	.	.000	.281
	REGR factor score 1 for analysis 1	.000	.	.500
	REGR factor score 2 for analysis 1	.281	.500	.
N	星级	52	52	52
	REGR factor score 1 for analysis 1	52	52	52
	REGR factor score 2 for analysis 1	52	52	52

"REGR factor score 1 for analysis 1"与"REGR factor score 2 for analysis 1"分别是系统自动给自变量"FAC1_1"和自变量"FAC2_1"分配的标签。从表 12-5 中可以看到因变量"星级"与自变量之间相关系数依次为 0.563 和-0.082，反映因变量"星级"与自变量"FAC1_1"存在显著的相关关系。而因变量"星级"与自变量"FAC2_1"相关性较弱。

表 12-6 给出了模型整体拟合效果概述。

表 12-6 模型摘要(a)

模型	R	R 方	调整的 R 方	估计的标准差	Durbin-Watson
1	.569(a)	.324	.296	.91251	1.484

a：预测变量—(常量)，REGR factor score 2 for analysis 1, REGR factor score 1 for analysis 1。
b：因变量—星级。

表 12-7 给出了方差分析表，可以看到模型的 F 统计量的值为 11.723，显著性水平的 P 值为 0.000，小于 0.05，于是模型通过了显著性检验，也就是说，因变量与自变量之间的线性关系明显。

表 12-7 方差分析表(a)

模型	平方和	df	均方	F	显著性
回归	19.522	2	9.761	11.723	.000(a)

续表

模 型	平方和	df	均方	F	显著性
残差	40.801	49	.833		
合计	60.323	51			

a：预测变量—(常量)，REGR factor score 2 or analysis 1, REGR factor score 1 for analysis 1。
b：因变量—星级。

表 12-8 给出了回归系数表和变量显著性检验的 t 值，可以看出，变量"FAC2_1"的 t 值太小，没有达到显著性水平，因此要将这个变量剔除。

表 12-8 回归系数表(a)

模 型		非标准化系数		标准化系数	t	显著性
		B	标准误	Beta		
1	(常量)	3.702	.127		29.256	.000
	REGR factor score 1 for analysis 1	.612	.128	.563	4.791	.000
	REGR factor score 2 for analysis 1	−.090	.128	−.082	−.701	.487

a：因变量—星级。

剔除变量"FAC2_1"后的回归分析的主要结果如表 12-9、表 12-10 和表 12-11 所示，请读者自行解释。

表 12-9 模型摘要(b)

模型	R	R 方	调整的 R 方	估计的标准差	Durbin-Watson
1	.563(a)	.317	.303	.90785	1.489

a：预测变量—(常量)，REGR factor score 1 for analysis 1。
b：因变量—星级。

表 12-10 方差分析表(b)

模 型		平方和	df	均方	F	显著性
1	回归	19.113	1	19.113	23.191	.000(a)
	残差	41.209	50	.824		
	合计	60.323	51			

a：预测变量—(常量)，REGR factor score 1 for analysis 1。
b：因变量—星级。

表 12-11　回归系数表(a)

模型		非标准化系数		标准化系数	t	显著性
		B	标准误	Beta		
1	(常量)	3.702	.126		29.406	.000
	REGR factor score 1 for analysis 1	.612	.127	.563	4.816	.000

a：因变量—星级。

12.4　实验总结

结合实验内容参考上述操作步骤自主选择分析方法，并完成相关的 SPSS 操作，观察和整理输出结果，得出分析结论。查阅有关资料，撰写一份主题明确、论证充分的分析报告。分析报告中应包含以下要点。

(1) 问题的提出。
(2) 变量设置的理由。
(3) 数据搜集的基本方法和过程。
(4) 数据的结构特点。
(5) 分析方法的选择。
(6) 分析过程中的主要步骤及其结果的评述。
(7) 数据对有关模型理论假设的符合程度。
(8) 分析结论。

12.5　思考与练习

(1) 假设有某只股票从上市到现在的时间序列数据，如何运用 SPSS 软件进行分析？分析时可以考虑从哪几个方面入手？

(2) 为什么本实验中先将原始数据转化成标准化数据，再进行因子分析和回归分析等操作？

(3) 请举例说明 SPSS 还可以在哪些金融领域进行数据分析？

参 考 文 献

[1] 冯力. 统计学实验. 大连：东北财经大学出版社，2008.
[2] 张红兵，贾来喜，李潞. SPSS 宝典. 北京：电子工业出版社，2007.
[3] 张虹，聂铁力. 统计学实验教程. 北京：科学文献出版社，2011.
[4] 夏怡凡. SPSS 统计分析精要与实例详解. 北京：电子工业出版社，2010.
[5] 吕振通，张凌云. SPSS 统计分析与应用. 北京：机械工业出版社，2009.
[6] 陈超，邹滢. SPSS 15.0 中文版常用功能与应用实例精讲. 北京：电子工业出版社，2009.
[7] 黄本春，李国柱，赵青霞，等. 统计学实验教程. 北京：中国经济出版社，2010.
[8] 杜强，贾丽艳. SPSS 统计分析从入门到精通. 北京：人民邮电出版社，2009.
[9] 刘大海，李宁，晁阳. SPSS 15.0 统计分析从入门到精通. 北京：清华大学出版社，2008.
[10] 袁卫，庞皓，曾五一，等. 统计学. 3 版. 北京：高等教育出版社，2009.
[11] 贾俊平，何晓群，金勇进. 统计学. 4 版. 北京：中国人民大学出版社，2009.
[12] 马庆国. 管理统计：数据获取、统计原理 SPSS 工具与应用研究. 北京：科学出版社，2002.
[13] 孙艳玲，何源，李阳旭. 例说 SPSS 统计分析. 北京：人民邮电出版社，2010.